IS FUN

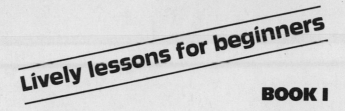

Lively lessons for beginners

BOOK I

Concetta Giuliano   Heywood Wald, PhD

Martin Van Buren High School
New York City

EDITORIAL CONSULTANT
Mario Costantino
Samuel J. Tilden High School
New York City

Dedicated to serving

AMSCO

our nation's youth

When ordering this book, please specify *either* R 285 S *or*
ITALIAN IS FUN, BOOK 1, SOFTBOUND EDITION

AMSCO SCHOOL PUBLICATIONS, INC.
315 Hudson Street / New York, N.Y. 10013

Illustrations by Louise Ann Uher and Ed Malsberg

ISBN 0-87720-597-3

Printed in the United States of America

Preface

ITALIAN IS FUN, BOOK 1 offers an introductory program that makes language acquisition a natural, personalized, enjoyable, and rewarding experience. The book provides all the elements for a one-year course.

ITALIAN IS FUN, BOOK 1 is designed to help students attain an acceptable level of proficiency in four basic skills—listening, speaking, reading, and writing—developed through simple materials in visually focused contexts that students can easily relate to their own experiences. Students are asked easy-to-answer questions that require them to speak about their daily lives, express their opinions, and supply real information.

ITALIAN IS FUN, BOOK 1 consists of six parts. Each part contains four lessons, followed by a *Ripasso* unit, in which structure and vocabulary are recapitulated and practiced through various *attività*. These include games and puzzles as well as more conventional types of exercises. Lessons 12 and 24 are followed by an Achievement Test.

Each lesson includes a step-by-step sequence of the following student-directed elements, which are designed to make the materials immediately accessible as well as give students the feeling that they can have fun learning and practicing their Italian.

Vocabulary

Each lesson begins with thematically related sets of drawings that convey the meanings of new words in Italian without recourse to English. This device enables students to make a direct and vivid association between the Italian terms and their meanings. The *attività* also use pictures to practice and review Italian words and expressions.

To facilitate comprehension, the authors use cognates of English words wherever suitable, especially in the first lesson, which is based entirely on Italian words that are identical to or closely resemble their English equivalents. Beginning a course in this way shows the students that Italian is not so "foreign" after all and helps them overcome any fears they may have about the difficulty of learning a foreign language.

Structures

ITALIAN IS FUN, BOOK 1 uses a simple, straightforward, guided presentation of new structural elements. These elements are introduced in small learning components—one at a time—and are directly followed by appropriate *attività*, many of them visually cued and personalized. Students thus gain a feeling of accomplishment and success by making their own discoveries and formulating their own conclusions.

Reading

Each lesson contains a short, entertaining narrative or playlet that features new structural elements and vocabulary and reinforces previously learned grammar and expressions. These passages deal with topics that are related to the everyday experiences of today's student generation. Cognates and near-cognates are used extensively.

Conversation

To encourage students to use Italian for communication and self-expression, the authors have included short situational dialogs—sometimes practical, sometimes humorous—in all of the lessons. All conversations are illustrated to provide a sense of realism. Conversations are followed by dialog exercises that serve as springboards for additional personalized conversation.

Testing

The two Achievement Tests in ITALIAN IS FUN, BOOK 1 are designed to be simple in order to give *all* students a sense of accomplishment. The tests show a variety of techniques through which comprehension of structure and vocabulary may be evaluated. Teachers may use them as they appear in the book or modify them to fit particular needs.

A separate *Teacher's Manual and Key* provides suggestions for teaching all elements in the book, additional practice and testing materials, and a complete key for all exercises and puzzles.

THE AUTHORS

Contents

v

Quarta Parte

Quinta Parte

Sesta Parte

Prima Parte

1 L'italiano e l'inglese

Words That Are the Same or Similar in Italian and English; How to Say "The" in Italian

1 So you are starting to study Italian. **Fantastico!** You'll have a lot of fun learning the Italian language, and it won't be that hard. Do you know why? Well, there are lots of words that are identical in both the English and Italian languages. From Italian come the words we use in music, poetry, painting, and many foods, because Italian is the language of the arts. These words may be pronounced differently, but they are often spelled the same way and have exactly the same meaning. Also, there are many Italian words that have a slightly different spelling (often just one letter), but they can be recognized instantly by anyone who speaks English. These words have the same origin and root and are called COGNATES.

Let's look at some of them and pronounce them the Italian way. Your teacher will show you how.

Words that are exactly the same in Italian and English:

bravo	i salami	il piano	la pasta
crescendo	il cinema	il soprano	la pizza
forte	il costume	il tempo	la stanza
solo	il fiasco	l'impresario	la villa
gli spaghetti	il finale	l'intermezzo	la viola
i broccoli	il garage	l'opera	lo scenario
i ravioli	il ghetto	la banana	lo studio

2 Here are some Italian words that look almost like English words. Repeat them aloud after your teacher:

annuale	il balcone	il pilota	la capitale
importante	il baritono	il presidente	la classe
intelligente	il basso	il professore	la frutta
moderno	il caffè	il tenore	la lista
normale	il candidato	il treno	la motocicletta
ordinario	il cannone	l'ambulanza	la musica
romantico	il carnevale	l'aspirina	la rosa
stupido	il cemento	l'elefante	la segretaria
	il concerto	l'ombrello	la tigre
	il leone	l'ospedale	lo studente

3 Here are some Italian words that are different from English, but you'll probably be able to figure out their meanings. Repeat them aloud after your teacher:

la festa

la bicicletta

il teatro

l'amico

l'alunno

il parco

l'aeroporto

l'autobus

la stazione

il giardino

la banca

l'università

la lampada

la televisione

il ristorante

il fiore

4 Of course, there are many Italian words that are quite different from the English words that have the same meaning. These words you must memorize, but you will probably be able to learn many of them easily by connecting them with some similar English word. For example: **libro** (*book*) is related to *library* — a place where there are many books; **pollo** (*chicken*) is related to *poultry*; **medico** (*doctor*) is related to *medical*; **disco** (*phonograph record*) is related to *disk* — a flat, round object.

Here are some more words to add to your Italian vocabulary:

la penna

il libro

il giornale

il pollo

il latte

la scuola

l'uomo

la donna

il cappello

la mano

la ragazza

il ragazzo

il cane

il gatto

il disco

il padre

la madre

la casa

5 Now that you have seen how Italian is similar to English, it is time to mention some differences. You have noticed, of course, that Italian words are stressed differently from English. Because there are no hard and fast rules for stress in Italian, imitate your teacher carefully when you learn to pronounce Italian words.

You will find very few printed or written accent marks in Italian. Whenever you do meet a word with a printed accent (`), always on a final vowel, the accented syllable is always stressed: **attività, perchè, lunedì, più.**

Some words are accented to distinguish them from identically spelled words with different meanings:

e	= *and*	**è**	= *is*
te	= *you*	**tè**	= *tea*

6 Well, so much for vocabulary. Let's learn a little Italian grammar. Did you notice the words **il, lo, l'**, and **la** before all of the nouns? These four words are Italian words for "the." That's right. Italian has four words for "the" in the singular: **il, lo, l'**, and **la**. The reason is that all Italian nouns, unlike English nouns, have GENDER. Nouns are either masculine or feminine.

The words **il, lo** are used before masculine singular nouns; **l'** is used before masculine and feminine singular nouns; and **la** is used before feminine singular nouns. Here's a complete table:

---

il is used before masculine singular nouns that begin with a consonant (except **s** followed by another consonant, **z, gn, ps,** and **x**).

lo is used before masculine singular nouns that begin with **z, gn, ps, x,** and **s** followed by another consonant.

l' is used before masculine and feminine singular nouns that begin with a vowel.

la is used before feminine singular nouns that begin with a consonant.

The problem is how to tell which nouns are masculine and which are feminine? With some words, it's easy. Obviously, **madre** (*mother*), **ragazza** (*girl*), and **donna** (*woman*) are feminine, while **padre** (*father*), **ragazzo** (*boy*), and **uomo** (*man*) are masculine. But why is **teatro** masculine, while **lampada** is feminine? There really is no logical reason. Thus the only way to learn Italian nouns is with the Italian word for "the." For example, you don't memorize **cane** but **il cane**, not **musica**, but **la musica**, not **studente**, but **lo studente**.

Here's a helpful hint: Most nouns that end in **-o** are masculine (**il piano, il libro, il disco**), and most nouns that end in **-a** are feminine (**la pasta, la penna, la festa**). With nouns ending in other letters, just memorize the article (the word for "the") along with the noun: **la classe, il criminale,** and so on.

7 Now that we have learned some Italian words and grammar, let's see if we can figure out the meaning of these ten sentences. Repeat them aloud after your teacher:

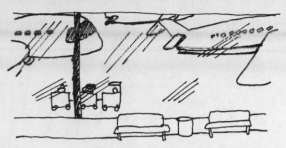

1. **L'aeroporto è grande.**

5. **Il dottore è americano.**

2. **Il treno è rapido.**

6. **La ragazza è sentimentale.**

3. **La lezione è interessante.**

7. **La professoressa è intelligente.**

4. **Il pollo è delizioso.**

8. **Il cane è grande.**

9. **Il ragazzo è romantico.**

10. **La matematica è importante.**

Fantastico! Here are ten more:

1. **Il presidente è famoso.**

4. **Lo studente è diligente.**

2. **L'automobile è moderna.**

5. **L'amico è sincero.**

3. **Il motore è necessario.**

6. **Il fiore è artificiale.**

7. Il libro è interessante.

9. La scuola è moderna.

8. Il professore è eccellente.

10. Il giornale è popolare.

Attività

A. Match the following words with the correct pictures:

l'elefante	la scuola	il cane
la penna	la rosa	la cattedrale
il giornale	la bicicletta	il gatto
il cappello		

1. _la cattedrale_

2. _la penna_

3. __il cane__

7. __il gatto__

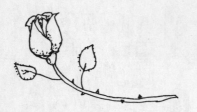 

4. __la rosa__

8. __il giornale__

5. __l'elefante__

9. __la bicicletta__

6. __la scuola__

10. __il cappello__

B. Label the following pictures. Make sure to use **la, l'**, or **lo**:

1. La televisione

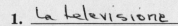

5. ~~il~~ il leone

2. il caffé

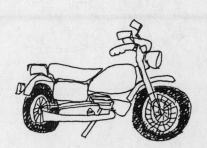

6. la motocicletta

3. l'ambulanza

7. il libro

4. La frutta

8. il pollo

9. <u>l'ombrello</u>

10. <u>il fiore</u>

11. <u>la lampada</u>

12. <u>il cinema</u>

13. <u>l'automobile</u>

14. <u>l'autobus</u>

15. <u>il piano</u>

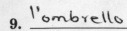

16. <u>il banco</u> il parco

17. la banca   19. il dottore

18. La stazione   20. la casa

C. The following nouns are missing the word for "the." Place **la, l', il,** or **lo** before each word:

1. il _____ ragazzo
2. la _____ festa
3. lo _____ zero
4. il _____ treno
5. la _____ madre
6. l' _____ alunna
7. il _____ ristorante
8. la _____ classe
9. l' _____ aeroporto
10. la _____ donna

11. il _____ padre
12. il _____ disco
13. la _____ professoressa
14. lo _____ studio
15. la _____ scuola
16. il _____ animale
17. il _____ giornale
18. il _____ parco
19. la _____ benzina
20. la _____ ragazza

L'italiano e l'inglese   15

D. Sì o no? Tell whether each statement is true (**VERO**) or false (**FALSO**) (Watch out — there are differences of opinion!):

V 1. Il cane è popolare. _____

V 2. L'elefante è grande. _____

F 3. Il criminale è romantico. _____

v 4. L'animale è sentimentale. _____

V 5. Il dottore è necessario. _____

V 6. L'automobile è rapida. _____

E. Complete each sentence with a noun that makes sense:

1. La _scuola_ è grande.

2. Il _ragazzo_ è romantico.

3. La _ragazza_ è interessante.

4. Il _leone_ è rapido.

5. L' _uomo_ è intelligente.

6. Il _cane_ è stupido.

7. Il ~~caffè dottore~~ caffé è necessario.

8. La _donna_ è famosa.

9. La _lampada_ è moderna.

10. Il ~~caffè~~ pollo è delizioso.

INFORMAZIONI PERSONALI

You now know enough Italian to tell the class a little about yourself. Here's a list of words. Pick out all the words that you would use to describe yourself and include them in a sentence. **Io sono . . . .** (*I am . . . .*). Be careful! Your fellow students will show you whether they agree with you or not by saying **Sì** or **No**:

professore	forte	diligente
studente	piccolo	artificiale
padre	eccellente	popolare
madre	importante	grande
alunna	intelligente	sentimentale

1. Io sono _____

2. _____

3. _____

4. _____

5. _____

La famiglia

How to Make Things Plural

1   Here we have one big happy family! It is obvious who all the members are. Let's take a closer look.

Antonio, the grandfather (**il nonno**), and Rosa, the grandmother (**la nonna**), are the grandparents (**i nonni**).

Caterina, the mother (**la madre**), and Franco, the father (**il padre**), are the parents (**i genitori**).

Carlo, Giovanni, Elena, and Maria are the four children (**i figli**). Carlo and Giovanni are also brothers (**i fratelli**), and Elena and Maria are also sisters (**le sorelle**). Maria, the youngest, is only a year old. She is the baby (**la bambina**) of the family. (A baby boy would be **il bambino**.)

In addition, the family pets are Terrore, the dog (**il cane**), and Tigre, the cat (**il gatto**).

Attività

A. Match the Italian words with the pictures:

1 la madre   *5* la bambina   *8* i fratelli
2 il padre   *6* il gatto   *9* i genitori
3 il nonno   *7* il cane   *10* i nonni
4 la nonna

1. 5

6. 2

2. 10

7. 8

3. 6

8. 9

4. 1

9. 4

5. 7

10. 3

2 Here's something new. All of the nouns you have learned in Lesson 1 were singular. But now we are seeing nouns that are plural. How do we change nouns from singular to plural in Italian? Look carefully at these two groups of nouns:

I	II
il ragazz*o*	i ragazz*i*
la figli*a*	le figli*e*
il padr*e*	i padr*i*

Here are the easy rules:

a. If a noun ends in **o**, change the **o** to _____ to make it plural. Did you write the letter **i**? If you did, you are correct.

b. If a noun ends in **a**, change the **a** to _____ to make it plural. Did you say **e**? If you did, you are correct.

c. If a noun ends in **e**, change the **e** to _____ to make it plural. Did you write the letter **i**? If you did, you are correct.

3 Now, look carefully at these two groups:

I	II
il banco	i ban*ch*i
il lago	i lag*h*i
il parco	i par*ch*i
l'amica	le ami*ch*e
la banca	le ban*ch*e

Do the nouns in Group I end in a vowel? _____ Which letter do you add

to make them plural? _____

Here is another easy rule: If a noun ends in a **-co, -go; -ca, -ga**, add the letter

_____ before the plural ending. Did you say **h**? You're correct.

4 Now, observe these two groups:

I	II
l'esempio (*example*)	gli esempi
l'esercizio (*exercise*)	gli esercizi
il figlio	i figli

Which letter do you drop from the nouns in Group I to make them plural?

_____ Did you say **o**? You're right! That's all there is to it.

5 Examine the following two groups:

I	II
il libro	*i* libri
il fiore	*i* fiori
il mcdico	*i* medici
la rosa	*le* rose
la segretaria	*le* segretarie
la madre	*le* madri
*l'*aspirina	*le* aspirine
*l'*automobile	*le* automobili
*l'*amico	*gli* amici
*l'*alunno	*gli* alunni
*l'*elefante	*gli* elefanti
*l'*ombrello	*gli* ombrelli
lo zio (*uncle*)	*gli* zii
lo studente	*gli* studenti

Underline all the words in Group I that mean "the." Look carefully at Group II and do the same.

Now fill in the rest of the rules:

The plural form of **il** is ___i___.

The plural form of **la** is ___le___.

The plural forms of **l'** are ___le___ or ___gli___.

The plural form of **lo** is ___gli___.

You're correct if you said that **il** becomes **i**; **lo** becomes **gli**; **l'** becomes **le** or **gli**, and **la** becomes **le**. Here is a complete table:

---

i   is used before masculine plural nouns that begin with a consonant (except **s** followed by another consonant, **z, gn, ps,** and **x**).

gli is used before masculine plural nouns that begin with a vowel, **s** followed by another consonant, **z, gn, ps,** and **x**.

le is used before all feminine plural nouns.

---

6 One more thing. What happens when you have a "mixture" of masculine and feminine persons or things? Do you use **i, gli,** or **le**? The rule is: Always use the masculine forms (**i** or **gli**). Some examples:

il ragazzo	+	la ragazza	=	i ragazzi
il bambino	+	la bambina	=	i bambini
l'alunno	+	l'alunna	=	gli alunni
l'amico	+	l'amica	=	gli amici

Attività

B. Write the correct Italian word for "the" before each noun:

1. il _____ gatto
2. la _____ figlia
3. il _____ fratello
4. la _____ frutta
5. _____ cani
6. la _____ lampada
7. le _____ ragazze
8. i _____ dischi
9. le _____ bambine
10. _____ l' elefante

11. la _____ tigre
12. lo _____ zio
13. i _____ genitori
14. _____ l' alunna
15. le _____ automobili
16. il _____ animale
17. la _____ donna
18. _____ l' uomo
19. la _____ festa
20. _____ l' amico

C. Make the following words plural:

1. il padre — i padri
2. la figlia — le figlie
3. il colore — i colori
4. l'animale — le animali
5. il treno — i treni
6. lo studente — gli studenti
7. l'amica — le amiche
8. la rosa — le rose
9. l'automobile — le automobili
10. il nonno — i nonni
11. l'ambulanza — le ambulanze
12. il disco — i dischi

13. la tigre   le tigr

14. la motocicletta le motociclette

15. l'ombrello   gli ombrelli

16. la donna   le donne

17. il ragazzo   i ragazzi

18. il fiore   i fiori

19. la segretaria   le segretarie

20. lo zio   gli zii

7   Fine! Here is a story based on the family you see in the picture:

La famiglia Rossini è grande. Antonio e Rosa sono i nonni. Il padre della famiglia si chiama Franco. Come si chiama la madre? La madre si chiama Caterina. Carlo, Giovanni, Elena e Maria sono i figli. Carlo e Giovanni sono i fratelli. Elena e Maria sono le sorelle. È una famiglia di otto persone. Terrore e Tigre sono due animali. Terrore è il cane e Tigre è il gatto. La famiglia è di Roma, la capitale d'Italia. Come si chiama la sua famiglia?

è *is*   **e** *and*
sono *are*
si chiama *is called, is named*
   Come si chiama . . . ? *What is (your/his/her) name?*

di *of*   **otto** *eight*

la sua *your*

Attività

D. Identify:

1. <u>Maria, la bambina</u>

4. <u>Maria e Elena, le ~~fratelli~~ sorelle</u>

2. <u>Caterina e Franco, i genitori</u>

5. <u>Carlo e Giovanni, i fratelli</u>

3. <u>Caterina, la madre</u>

6. <u>Tigre, il gatto</u>

7. _i quattro fratelli_   8. _Rosa e Antonio, i nonni_

9. _Terrore, il cane_

10. _la famiglia grande_

E. Complete each sentence with the correct word(s):

1. Caterina è la _madre_ della famiglia.

2. I figli sono _Elena, Maria_, _Giovanni_ e _Carlo_.

3. Carlo è il _fratello_ di Giovanni.

4. Carlo e Giovanni sono _fratelli_.

5. Antonio è il _padre_ di Franco.

6. Terrore è il _cane_.

7. Rosa è la _madre_ di Franco.

8. I genitori sono _Franco_ e _Caterina_.

9. Elena è la _sorella_ di Maria.

10. Franco è il _padre_ della famiglia.

F. Sì o no? Tell whether the following sentences are true (**VERO**) or false (**FALSO**). If your answer is **FALSO**, correct the sentences:

V 1. Il gatto e il cane sono **animali**. _____

F 2. Il nonno è **il fratello** di Franco. _e il padre_

F 3. Elena e Maria sono **fratelli**. _sorelle_

F 4. **Il cane** si chiama Tigre. _il gatto_

F 5. Giovanni e Carlo sono **sorelle**. _fratelli_

V 6. Elena è **la figlia** di Caterina. _____

F 7. Antonio e Rosa sono **i figli** di Franco. _i genitori_

V 8. Rosa è **la nonna** di Carlo. _____

F 9. **Il gatto** si chiama Terrore. _il cane_

F 10. **Il padre** di mia madre è la nonna. _la madre_

CONVERSAZIONE

VOCABOLARIO

buon giorno *good morning*
signorina *miss, young lady*
signore *sir, mister, gentleman*
mi chiamo *my name is*
Come sta? *How are you?*
bene *fine*

grazie *thank you, thanks*
così così *so-so, O.K.*
a più tardi *see you later, so long*
arrivederci *good-bye*
a domani *until tomorrow, see you tomorrow*

INFORMAZIONI PERSONALI

Complete the picture with the other members of your family and then fill out the required information:

plural = Si chiamano

Mi chiamo _Gina_ .

Mio padre si chiama _Walter_ .

Mia madre si chiama _Marta_ .

Mio fratello si chiama _Tomas_ .

~~Mia~~ _Non ho_ ~~Mia sorella si chiama~~ _____ .

Il mio nonno si chiama _G_   _William_ .

La mia nonna si chiama _Bertina_ .

Non ho ~~Il mio cane si chiama~~ _____ .

Il mio gatto si chiama _Rambo e Samba_ .

Non ho né cani né gatti
(plural)

Sono figlio unico

DIALOGO

Now have fun filling in the missing words of this dialog:

La classe e la scuola

The Indefinite Articles

1 Vocabolario

Read the following words aloud after your teacher:

il professore

la professoressa

l'alunno, lo studente

l'alunna, la studentessa

la foglia = leaf

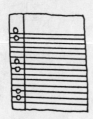

il foglio

il libro

la matita

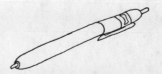

la penna

il quaderno **la riga**

la lavagna **il dizionario**

la finestra **la porta**

la cattedra **il banco**

il cancellino **la lezione**

la goma
pencil eraser

la goma Americana
chewing gum

il gesso

Attività

A. Identify:

1. _____

5. _____

2. _____

6. _____

3. _____

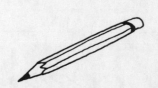

7. _____

4. _____

8. _____

9. _____

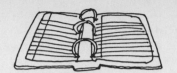

13. _____

10. _____

14. _____

11. _____

15. _____

12. _____

16. _____

B. Fill in the correct definite article **il, lo, la,** or **l':**

1. _____ studente

2. _____ dizionario

3. _____ alunno

4. _____ lezione

5. _____ banco   8. _____ matita

6. _____ alunna   9. _____ gesso

7. _____ cancellino   10. _____ foglio

2 Now that you know all of the new words, read the following story and see if you can understand it:

L'italiano è interessante.

Nella scuola c'è una lezione d'italiano. La lezione è sempre interessante. La professoressa d'italiano si chiama Maria Montini. La Signorina Montini è una persona intelligente. In classe usa una lavagna, una penna, una matita, un quaderno e molti libri. Il libro grande è un dizionario. Ci sono molti alunni in classe. Alberto è uno studente bravo. Maria è un'alunna simpatica e intelligente. L'italiano è una lingua piacevole e popolare. La Signorina Montini è una professoressa popolare e simpatica.

nella *in the*   **una** *a*
la lezione *the lesson, the class*
  sempre *always*

la classe *the classroom*
  usa *she uses*
un *a*   **molti** *many*

ci sono *there are*

uno *a*   **bravo** *good*
simpatica *nice*
lingua *language*
  piacevole *enjoyable*

Attività

C. Fill in the blanks about the story:

1. La lezione d'italiano è _____.

2. La professoressa si chiama _____.

3. La professoressa usa _____, _____,

   _____, _____ e _____.

4. Alberto è _____.

5. Il libro grande è _____.

6. Maria è un'alunna _____.

7. L'italiano è una lingua _____.

8. La Signorina Montini è _____.

D. Correct the wrong sentences:

1. Nella scuola c'è una lezione di spagnolo. _____

2. La professoressa si chiama Rosa Sabatino. _____

3. Il libro grande è una grammatica. _____

4. Maria è stupida. _____

5. Alberto è bravo. _____

E. Complete the sentences by matching the adjectives with the nouns they describe:

1. Maria è _____.   piacevole

2. La lezione è _____.   bravo

3. L'italiano è _____.   simpatica

4. La Signorina Montini è _____.   interessante

5. Alberto è _____.   intelligente

3 Now look at the story again. There is a new word that appears in four different

forms. Can you pick out the forms of this word? _____, _____,

_____, _____. These are the Italian words for "a" and "an."
Let's see if you can figure out the rules when to use **un, uno, una,** or **un'.** Remember the rules for the definite article. Now look carefully at these two groups:

I	II
il libro	*un* libro
il professore	*un* professore
*l'*amico	*un* amico
*l'*alunno	*un* alunno
lo zio	*uno* zio
lo studente	*uno* studente

Let's compare the two groups of words. In Group I, are the nouns masculine or

feminine? _____. Let's examine each word further. **Libro** and

professore both begin with what kind of letter? _____ Good!

Amico and **alunno** begin with _____. That's correct, vowels. Now look
at the last two words. One begins with **z** and the other with **s** plus a consonant.

In Group I, **il** is replaced with _____, **l'** is replaced with _____,

and **lo** becomes _____.

Remember: **il, l',** and **lo** mean "the." What do **un** and **uno** mean? _____.

4 Let's look at another group of words:

I	II
la classe	*una* classe
la scuola	*una* scuola
*l'*alunna	*un'*alunna
*l'*amica	*un'*amica

The words in this group are feminine and singular. How do we know?

_____

Look at the words carefully. The first two words begin with what kind of letter?

_____. The last two words begin with _____.

Remember the rules for the use of **la** and **l'** before feminine words? Apply the

rules for the nouns in Group II. What word replaces **la?** _____. What

word replaces **l'?** _____. What do **una** and **un'** mean? _____

5 Let's summarize. These are the rules for the indefinite article (*a, an*):

MASCULINE

un is used before nouns that begin with a vowel or a regular consonant.

uno is used before nouns that begin with **z** or **s** plus a consonant.

FEMININE

una is used before nouns that begin with any consonant.

un' is used before nouns that begin with a vowel.

Attività

F. Match the words with the correct pictures:

5 **un foglio**　　　　　2 **uno studente**
2 **un professore**　　　1 **una finestra**
4 **una lavagna**　　　　6 **una matita**
9 **un'alunna**　　　　　3 **una penna**
10 **un libro**　　　　　6 **una cattedra**

1. _____

3. _____

2. _____

4. _____

38　　*Lezione 3*

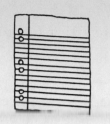

5. _____

8. _____

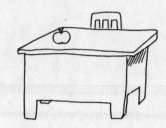

6. _____

9. _____

7. _____

10. _____

G. Supply **un, uno, un'**, or **una**:

1. _una_ alunna

2. _un_ professore

3. _Un_ foglio

4. _un_ libro

5. _una_ matita

6. _una_ penna

7. _un_ banco

8. _un_ quaderno

9. _uno_ zio

10. _una_ riga

11. _una_ lavagna

12. _un_ dizionario

13. _una_ finestra

14. _una_ porta

15. _una_ lezione

16. _un'_ amica

17. _____ zero

18. _____ madre

19. _____ fratello

20. _____ studente

H. Now let's replace the word for "the" with the word for "a" or "an":

1. il ragazzo   _____ ragazzo

2. lo zio   _____ zio

3. la famiglia   _____ famiglia

4. lo studio   _____ studio

5. la sorella   _____ sorella

6. l'amico   _____ amico

7. la scuola   _____ scuola

8. lo zero   _____ zero

9. l'alunna   _____ alunna

10. il gatto   _____ gatto

I. Now try some on your own. Fill in the correct Italian for "a" or "an":

1. _____ studio

2. _____ amica

3. _____ padre

4. _____ opera

5. _____ casa

6. _____ zero

7. _____ alunno

8. _____ scenario

9. _____ zio

10. _____ aeroporto

J. Underline the word that does NOT belong logically in each group:

1. una porta, una finestra, una professoressa, una cattedra
2. intelligente, bravo, interessante, il nonno
3. il gatto, la matita, la penna, il quaderno
4. il fratello, il padre, la nonna, il banco
5. un cane, un treno, un gatto, una tigre

CONVERSAZIONE

VOCABOLARIO

dov'è? *where is?*
ecco *here is*

molto preparata *well prepared*
preferita (*f*) *favorite, preferred*

La classe e la scuola 41

DIALOGO

Complete the dialog, choosing the missing responses from the following list:

1 Ecco il libro, signora.
2 Grazie. La lezione d'italiano è la mia lezione preferita.
3 Buon giorno, signora.
4 Io mi chiamo Luigi.
5 Sì, molto. E lei?
6 Ecco la matita, la penna e il dizionario.

INFORMAZIONI PERSONALI

The school year has just begun. You are writing, in Italian, a shopping list of some school supplies that you will need. What would you include in your list? Write at least six items:

1. _____

2. _____

3. _____

4. _____

5. _____

6. _____

*How to Express Actions; -**ARE** Verbs*

1 These new words are all verbs. They describe actions. See if you can guess their meanings:

abitare

imparare

ascoltare

lavorare

ballare

parlare

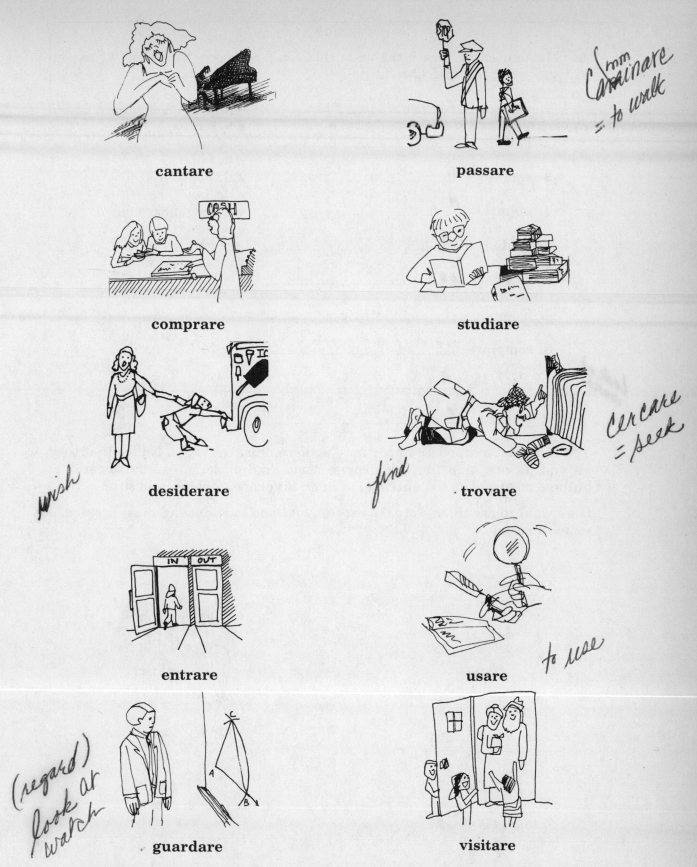

cantare

passare

Camminare = to walk

comprare

studiare

wish desiderare

find trovare *Cercare = seek*

entrare

usare *to use*

(regard) look at watch guardare

visitare

Repeat these words after your teacher. Pay close attention to pronunciation and stress.

Attività

A. Match each verb with the noun that could be used with it and write your answer in the space provided:

1. parlare   _F_ _____
2. ballare   _E_ _____
3. cantare   _G_ _____
4. abitare   _H_ _____
5. studiare   _B_ _____
6. ascoltare _DA_ _____
7. usare   _I_ _____
8. comprare   _A D H I J_ _____
9. guardare   _A_ _____
10. visitare _C_ _____

look at watch

_A_ la televisione
_B_ la lezione
_C_ la nonna
_D_ la radio
_E_ il tango
_F_ italiano
_G_ la canzone (*song*)
_H_ la casa
_I_ la matita
_J_ il dizionario

2 You have just learned 16 important "action words," or verbs. Notice that they all end in **-are**, and they all express some kind of action—to do something: **ballare** means *to dance*; **entrare**, *to enter*; **lavorare**, *to work*; and so on.

If we want to use these words to express someone's actions, we must first learn some subjects:

I

io   (*I*)

tu   (*you*, familiar)

II

noi   (*we*)

voi   (*you*, familiar)

lui (*he*)

lei (*she*)

loro (*they*)

lei (*you*, formal)   **loro** (*you*, formal)

How many people do the subjects in Group I refer to? _____1_____ How many

people do the subjects in Group II refer to? ___2 or more___

Have you noticed that there are four words that mean "you"? **tu, voi, lei,** and **loro.**

tu (singular) and **voi** (plural) are called familiar forms. They are used when you speak to a member or members of your family, close friends, people with whom you are "familiar."

lei (singular) and **loro** (plural) are used when you speak to a person or persons with whom you are or should be "formal."

Attività

B. Which pronoun would you use if you were speaking to the following people? Would you use **tu, voi, lei,** or **loro?**

1. Antonio ____~~xx~~ ~~x~~ tu____

2. il bambino ____tu____

3. la professoressa _Lei_

4. Maria ~~Lei~~ / _tu_

5. Alberto, Élena e Carlo ~~Loro~~ _voi_

6. il Signore e la Signora Salerno _loro_

7. i dottori ~~Lei~~ _loro_

8. gli alunni ~~loro~~ _voi_

C. Write the pronoun you would use to substitute for the following:

1. Paolo _lui_

2. il Signor Bronti _lui_

3. Susanna _lei_

4. gli studenti _loro_ ~~vari~~ ~~~~

5. la madre _lei_

6. il professore _lui_

7. le ragazze _loro_ ~~~~

8. il Signore e la Signora Marino _loro_

9. Marisa ed io _noi_

10. tu e Vincenzo _voi_

3 Now let's get back to our action words. All the verbs in this lesson belong to the **-ARE** family because all their infinitives (the basic forms) end in **-ARE** and all verbs follow the same rules of CONJUGATION.

CONJUGATION, what's that? CONJUGATION refers to changing the endings of the verb so that the verb agrees with the subject.

We do the same in English without thinking about it. For example, we say *I speak*, but *he speaks*. In Italian, we are more exact in our endings than we are in English. Let's see how it works:

Take, for example, the verb **parlare** (*to speak*). If we want to say "I speak," we must drop the infinitive ending **-are** and add the ending for **io** (*I*):

parl~~are~~   **io parlo**   *I speak, I am speaking*

We do the same for all the other subjects:

tu	**parli**	*you speak, you are speaking* (familiar)
lui	**parla**	*he speaks, he is speaking*
lei	**parla**	*she speaks, she is speaking*
lei	**parla**	*you speak, you are speaking* (formal)
noi	**parliamo**	*we speak, we are speaking*
voi	**parlate**	*you speak, you are speaking* (familiar)
loro	**parlano**	*they speak, they are speaking*
loro	**parlano**	*you speak, you are speaking* (formal)

Now can you do one? Take the verb **passare** (*to pass*). Remove the **-are,** look at the subject, and add the correct endings:

io pass*o*	*I pass, I am passing*
tu pass*i*	*you pass, you are passing* (talking to a friend)
lui pass*a*	*he passes, he is passing*
lei pass*a*	*she passes, she is passing*
lei pass*a*	*you pass, you are passing* (talking to a teacher)
noi pass*iamo*	*we pass, we are passing*
voi pass*ate*	*you pass, you are passing* (talking to several friends)
loro pass*ano*	*they pass, they are passing*
loro pass*ano*	*you pass, you are passing* (talking to several teachers)

There are two possible meanings for each verb form:

Examples:		
	io parlo	*I speak* *I am speaking*
	tu parli	*you speak* *you are speaking*
	noi passiamo	*we pass* *we are passing*
	loro passano	*they pass* *they are passing*

4   One more point. The subjects we used above are all pronouns (**io, tu, lui, lei,** etc.). What if the subject is not a pronoun but a name or a noun? For example, **Carlo, la ragazza, il cane, i nonni?** The answer is easy. **Carlo** corresponds to

lui, la ragazza to **lei, il cane** to **lui, i nonni** to **loro**. The endings of the verbs follow the pattern:

Carlo pass*a*   **i nonni pass*ano***
la ragazza pass*a*   **Maria ed ˙io pass*iamo***

5   An important observation regarding the use of subject pronouns (**io, tu,** and so on):

In Italian, the pronoun is often omitted if the meaning is clear. For example, "I speak Italian" may be either **Io parlo italiano** or simply **Parlo italiano**. The **io** isn't really necessary except for emphasis, since the **-o** ending in **parlo** occurs only with the **io** form. Another example: "We are working" may be **Noi lavoriamo** or simply **Lavoriamo,** since the verb form that ends in **-iamo** cannot be used with any other subject pronoun.

In fact, any subject pronoun may be omitted if it's not needed for clarity or emphasis:

Dov'è Maria?	*Where is Maria?*
È al mercato.	*She is in the market.*
Che cosa compra?	*What is she buying?*
Compra le banane.	*She is buying bananas.*

In the lessons that follow, we will sometimes omit the subject pronoun.

6   Here's a story that includes verbs you have just learned. Can you understand it?

Il Signor Amato **lavora** in una scuola grande. Gli alunni della scuola **studiano** l'italiano, l'inglese, la matematica e molte altre cose. Durante la lezione il professore **usa** fogli, libri e un dizionario. Quando il professore **parla**, gli alunni **ascoltano** attentamente. Gli alunni **studiano** perchè **desiderano usare** le parole correttamente. Loro **ascoltano** la musica italiana, **cantano** in italiano e **ballano**. **Desiderano visitare** l'Italia.

grande *large*

altre cose *other things*
    durante *during*

quando *when*

attentamente *attentively*
    perchè *because*
la parola *the word*

Attività

D. Sì o no? The following statements are based on the story you have just read. If the statement is true, write **VERO**. If it is false, write **FALSO** and correct the wrong words in the sentence:

1. Il Signor Amato lavora **in** casa.

   una scuola

2. Gli alunni studiano **il francese**.

   l'italiano e l'inglese

3. Il professore usa **una pistola**.

   un dizionario

4. **Gli alunni** ascoltano attentamente.

   ✓

5. Gli alunni desiderano usare le parole **correttamente**.

   ✓

6. Il Signor Amato è un bravo **studente**.

   professore

7. *parents* **I genitori** ascoltano la musica italiana.

   gli alunni

8. Gli alunni desiderano visitare **la California**.

   l'Italia

9. Quando il professore **ascolta**, gli alunni **parlano**.

parla   *ascoltano*

10. **Il professore studia** l'inglese e la matematica.

gli studente studiano

alunni

E. Match the descriptions with the correct pictures:

A **Noi entriamo.**   F **La ragazza canta.**
B **Loro parlano.**   G **Il professore parla.**
C **Io ascolto.**   H **Io studio.**
D **Tu balli.**   I **Noi visitiamo.**
E **La mamma compra.**   J **Il signore lavora.**

1. F

4. E

2. J

5. I

3. H

IN

6. A

52   *Lezione 4*

7. _G_____

9. _C_____

8. _D_____

10. _B_____

F. Here are ten verb forms in Italian. Supply the correct subject pronoun for each form:

1. _io_____ ballo

2. _noi_____ ascoltiamo

3. _lui, lei____ guarda

4. _tu_____ compri

5. _Voi_____ entrate

6. _loro_____ studiano

7. _~~tu~~ noi___ passiamo

8. _Tu_____ passi

9. _Voi_____ abitate

10. _lui, lei____ canta

G. Write the correct forms of the verbs. Be sure to drop the infinitive ending **-are** before you add the correct endings. Then write what each verb form means in English:

1. (parlare) lui _lui parla   he speaks_
   _____ _is speaking_

2. (guardare) tu   *tu guardi   you look at*

3. (visitare) noi   *noi visitiamo*
    we visit

4. (ballare) lei   *lei balla   she dances*

5. (trovare) voi   *tu ~~vos~~ trovi*

6. (ascoltare) io   *io ascolto*

7. (usare) loro   *loro usarano*

8. (imparare) Maria e Carlo   *M e C imparano*

9. (abitare) tu e Gina   *tu e G abitate*

10. (visitare) l'amico   *l'amico visita*

H. **Now make complete Italian sentences by adding the correct verb form.**

1. (speaks)   Il nonno *parla* italiano.

2. (dance)   I ragazzi *ballarano* bene.

3. (find)   Io *trovo* il libro d'italiano.

4. (sings)   Maria *canta* in francese.

5. (look at)   Noi *ascoltiamo* la televisione.

6. (live)   Voi *abitate* in Italia.

7. (buy)   Gli alunni ~~comprano~~ *comprano* molti libri.

8. (use)   Tu *usi* il dizionario.

9. (work)   Il padre *lavora* molto.

10. (listen to)   Lei *ascolta* un disco italiano.

54   *Lezione 4*

CONVERSAZIONE

VOCABOLARIO

ciao *hello, so long*
tutti i giorni *every day*
certo *of course*

bene *well*
sicuro *sure*
adesso *now*

DIALOGO

Complete this dialog by writing Rosina's replies, choosing from the following list:

> A più tardi, Franco.
> Sicuro. Adesso gli alunni entrano in classe. Ciao, Franco.
> La lezione d'italiano è la mia lezione preferita.
> Ecco i libri, la matita e la penna.
> Bene, grazie. E tu?
> Certo, parliamo in italiano tutti i giorni.

INFORMAZIONI PERSONALI

List some of the things you do every day by supplying verbs to complete the following sentences. (Some sentences can be completed with more than one possible verb.)

Io _____ Io parlo _____ al telofono.

_____ Io estudo _____ in casa.

_____ Io guardo _____ la televisione.

_____ Io ascolto _____ la radio.

_____ Io estudo _____ la lezione.

_____ Io uso _____ il libro.

_____ Io ascolto é parlo _____ in classe.

Ripasso I (Lezioni 1-4)

Lezione 1

There are four ways to say "the" before singular nouns in Italian:

il is used before masculine singular nouns that begin with a consonant (except **s** followed by another consonant, **z, gn, ps,** and **x**).

lo is used before masculine singular nouns that begin with **z, gn, ps, x,** and **s** followed by another consonant.

l' is used before masculine and feminine singular nouns that begin with a vowel.

la is used before feminine singular nouns that begin with a consonant.

Lezione 2

a. The plurals of Italian nouns are formed by changing the endings of singular nouns as follows:

(1) A singular noun ending in **-o** or **-e** changes in the plural to **-i.**

(2) A singular noun ending in **-a** changes in the plural to **-e.**

(3) A singular noun ending in **-co, -go, -ca,** or **-ga** adds the letter **h** before the plural ending.

(4) A singular noun ending in **-io** drops the **o** in the plural.

Examples:

SINGULAR	PLURAL
il libro	**i libri**
lo studente	**gli studenti**
la ragazza	**le ragazze**
il banco	**i banchi**
il figlio	**i figli**

b. There are three ways to say "the" before plural nouns in Italian:

i is used before masculine plural nouns that begin with a consonant (except **s** followed by another consonant, **z, gn, ps,** and **x**).

gli is used before masculine plural nouns that begin with a vowel, **s** followed by another consonant, **z, gn, ps,** and **x.**

le is used before all feminine plural nouns.

Lezione 3

There are four ways to say "a" or "an" in Italian:

MASCULINE

un   is used before nouns that begin with a vowel or a regular consonant.

uno is used before nouns that begin with **z** or **s** plus a consonant.

FEMININE

una is used before nouns that begin with any consonant.

un'   is used before nouns that begin with a vowel.

Lezione 4

To conjugate verbs that belong to the **-ARE** conjugation, drop **-are** from the infinitive (the form of the verb before conjugation) and add the proper endings:

Example: **domandare**

If the subject is		add	to the remaining stem:	
io		o		io domand*o*
tu		i		tu domand*i*
lui		a		lui domand*a*
lei		a		lei domand*a*
noi		iamo		noi domand*iamo*
voi		ate		voi domand*ate*
loro		ano		loro domand*ano*

b. Subject pronouns may be omitted in Italian if they are not needed for clarity or emphasis.

Attività

A. Word Study. Underline the English word that is related to the Italian word:

1. amico   amenable, amicable, ample
2. libro   labor, liberty, library
3. cane   canine, candy, canister
4. fratello   friend, fraternity, freight
5. figlio   file, filial, foglio
6. abitare   inhabitant, arbitrary, bite
7. scuola   squalor, scale, scholar
8. ballare   bale, ballet, bullet
9. sorella   student, sober, sorority
10. guardare   gardiner, guardian, quadrant

*to look at
(regard)*

B. Verb Game. Here are party scenes of people doing things. Describe five activities you see, using the correct form of one of these verbs. (Follow the model: **Gli studenti studiano.**):

ascoltare	comprare
abitare	guardare
ballare	imparare
cantare	parlare

1. loro parlano in l'italiano 3. loro cantano

2. loro ascoltano la música 4. loro ballano

5. loro guardano la televisione

C. Find twenty-one Italian words hidden in the puzzle and circle them. List them below. The words may be read from left to right, right to left, up or down, or diagonally across:

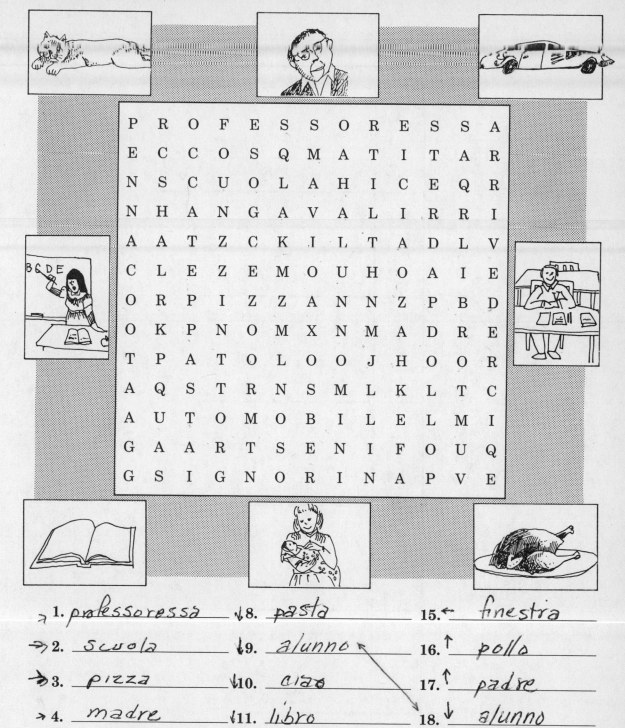

```
P  R  O  F  E  S  S  O  R  E  S  S  A
E  C  C  O  S  Q  M  A  T  I  T  A  R
N  S  C  U  O  L  A  H  I  C  E  Q  R
N  H  A  N  G  A  V  A  L  I  R  R  I
A  A  T  Z  C  K  I  L  T  A  D  L  V
C  L  E  Z  E  M  O  U  H  O  A  I  E
O  R  P  I  Z  Z  A  N  N  Z  P  B  D
O  K  P  N  O  M  X  N  M  A  D  R  E
T  P  A  T  O  L  O  O  J  H  O  O  R
A  Q  S  T  R  N  S  M  L  K  L  T  C
U  T  O  M  O  B  I  L  E  L  M  I
G  A  A  R  T  S  E  N  I  F  O  U  Q
G  S  I  G  N  O  R  I  N  A  P  V  E
```

1. professoressa
2. scuola
3. pizza
4. madre
5. automobile
6. signorina
7. penna
8. pasta
9. alunno
10. ciao
11. libro
12. arrivederci
13. gatto
14. ecco
15. finestra
16. pollo
17. padre
18. alunno
19. lavagna
20. matita
21.

D. How many of the words describing the pictures below do you remember? Fill in the Italian words, then read down the boxed column of letters to find the Italian word for something that every country has:

1. b a n c o
2. a l u n n o 
3. n o n n a 
4. d i s c o 
5. i t a l i a 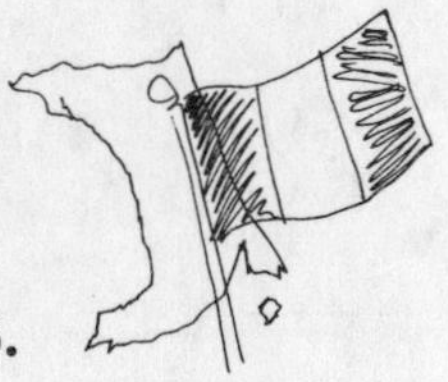
6. e n t r a d a 
7. r o s a 
8. a s c o l t a r e

E. You are working in a Lost-and-Found Office. The following objects have been brought in:

Make a list of them to be posted — in Italian, of course!

1. la televisione
2. il libro
3. il elefante
4. il giorno
5. la gatta / il gatte
6. i fiori
7. la penna
8. l'ombrella

9. ~~la casta~~ il cappello
10. il cane / la cana
11. la ~~bicletta~~ bicicletta
12. la lampada
13. il regazze
14. la riga
15. il diccionario
16. il ~~gatto~~ pollo

F. Using the clues on the left, write Italian words that begin with the letters of the word **TELEVISIONE:**

1. you	T	U							
2. to enter	E	N	T	R	A	R	E		
3. book	L	I	B	R	O				
4. here (it) is	E	C	C	O					
5. to visit	V	I	S	I	T	A	R	E	
6. important	I	M	P	O	R	T	A	N	T	E
7. young lady	S	I	G	N	O	R	I	N	A
8. to learn	I	M	P	A	R	A	R	E	
9. ordinary	O	R	D	I	N	A	R	I	O
10. grandparents	N	O	N	N	I				
11. excellent	E	C	C	E	L	L	E	N	T	E

G. Picture Story. Can you read this story? Much of it is in picture form. Whenever you come to a picture, read it as if it were an Italian word:

Ecco l' [ ]. Luigi è un [ ] italiano. La [ ] di Luigi si chiama Rita; il [ ] si chiama Marco. Il padre è [ ]. Lavora in un [ ]. La madre di Luigi è [ ]. Lavora in una [ ] moderna. Luigi studia in una [ ] grande. A scuola Luigi usa molte cose: un [ ], una [ ], un [ ] e un [ ]. Terrore e Tigre sono i due animali in casa di Luigi. Terrore è un [ ] e Tigre è un [ ].

Seconda
Parte

5 Ancora verbi

How to Ask a Question and Say "No" in Italian

1 Here are more **-ARE** verbs. Can you guess their meanings?

amare

aiutare

arrivare

aspettare

cominciare

cucinare

guidare

mandare

mangiare

portare

ritornare

salutare

Attività

A. Match the descriptions with the correct pictures:

7 Noi salutiamo le ragazze.
4 Aiuto mia madre.
5 Stefano mangia gli spaghetti.
6 Loro ritornano a casa.

8 Lei manda molti fiori.
3 Il concerto comincia adesso.
2 Lui porta un dizionario.
1 Aspettiamo l'autobus.

1. _____   2. _____

3. _____

6. _____

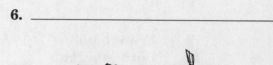

4. _____

7. _____

5. _____

8. _____

B. Fill in the correct form of a verb that makes sense in each sentence:

1. Maria _ama_ _____ Giovanni.

2. Noi _arriviamo_ _____ a scuola presto (*early*).

3. Io _aspetto_ _____ il treno.

4. Voi _mangiamo_ _____ i ravioli.

5. Loro _comprano mandano_ _____ le rose.

6. La lezione _comincia_ _____ domani.

tomorrow

7. La professoressa ___aiuta___ la lezione.

8. La mamma ___cucina___ molto bene.

9. Tu ___usi___ una penna in classe.

10. Anna e Carlo ___ritorano___ da Roma.

2 Now look at the following sentences:

I	II
Franco balla.	**Franco *non* balla.**
Loro studiano.	**Loro *non* studiano.**
Io parlo italiano.	**Io *non* parlo italiano.**

How are the sentences in Group I different from the sentences in Group II?

_____.

What little word is used in Italian to make the sentence negative? _____.

Where do we put **non** in relation to the verb? _____.

What do the sentences in Group II above mean in English? Each sentence has two meanings:

1. _____

_____

2. _____

_____

3. _____

_____

4. _____

_____

No matter what we say in English — "doesn't," "don't," "aren't," "isn't," and so on, in Italian the rule is always the same: To make a sentence negative, put **non** before the verb. That's all there is to it. Here are some more examples:

Io *non* cucino.	*I do not cook.*
	I am not cooking.
Enzo *non* lavora.	*Enzo does not work.*
	Enzo is not working.
Noi *non* ascoltiamo.	*We do not listen.*
	We are not listening.

Attività

C. Make the following sentences negative and then write the English meaning under each sentence:

   1. Le ragazze *non* ballano. _____

_____

   2. Paolo *non* canta bene. _____

_____

   3. Io *non* cucino la pasta. _____

_____

   4. Tu *non* abiti in una casa grande. _____

_____

   5. Voi *non* ascoltate la radio. _____

_____

   6. Loro *non* imparano la lezione. _____

_____

   7. Papà *non* guida l'automobile. _____

_____

   8. Maria *non* arriva da Roma. _____

_____

   9. Voi *non* parlate italiano. _____

_____

  10. Le signorine *non* cantano. _____

_____

3   **Benissimo!** You now know how to make any sentence in Italian negative. Now let's find out how to ask a question in Italian. It's just as simple. Look at the following sentences:

I	II
Lei parla italiano.	Parla italiano *lei*?
Gli alunni studiano.	Studiano *gli alunni*?
La signorina canta una canzone.	Canta una canzone *la signorina*?

What do the sentences in Group II mean?

1. _____ _____

2. _____ _____

3. _____ _____

You have seen that the subject (**lei, gli alunni, la signorina,** and the like) is at the end when you ask a question. That's all there is to it. No matter what we say in English — "do you," "are they," "does she," "are we," in Italian the rule is always the same. To form a question, we simply put the subject at the end.

You remember, of course, that in Italian we may omit subject pronouns. In questions, we may also omit subject pronouns. There is just a slight difference in how we say it. Your teacher will demonstrate:

I	II
Parla italiano.	**Parla italiano?**
Usi il dizionario.	**Usi il dizionario?**

Attività

D. Change the following statements to questions and tell what they mean:

1. Il dottore arriva. ? _____

2. Maria trova il dizionario. ? _____

3. Loro guardano la televisione. ? _____

4. Io entro. ? _____

5. Voi studiate la lezione. ? _____

6. Noi mangiamo le pizze. ? _____

7. La professoressa aiuta la classe. ? _____

_____

8. La nonna compra l'automobile. ? _____

_____

9. Tu lavori in ospedale. ? _____

_____

10. Gli studenti usano la penna. ? _____

_____

E. Match the English meanings on the right with the correct Italian sentences on the left. Write the matching letter in the space provided:

C'è = is there?

1. Lei non usa una matita. ___D___
2. Lavora molto lei? ___F___
3. Studiate? ___I___
4. Lei non parla in classe. ___J___
5. È intelligente il professore? ___L___
6. Studiano a scuola loro? ___M___
7. C'è un dizionario in classe? ___C___
8. Ascolti la musica? ___N___
9. Desidera visitare l'università? ___E___
10. Passano le ragazze? ___K___
11. L'attore non balla. ___G___
12. Canta lui? ___O___
13. Desiderate entrare? ___A___
14. Non parlano italiano. ___B___
15. Il mio professore non parla molto. ___H___

a. Do you want to come in?
b. They don't speak Italian.
c. Is there a dictionary in class?
d. You don't use a pencil.
e. Do you want to visit the university?
f. Do you work hard (a lot)?
g. The actor does not dance.
h. My teacher doesn't talk a lot.
i. Do you study?
j. She doesn't speak in class.
k. Are the girls passing by?
l. Is the teacher intelligent?
m. Do they study in school?
n. Are you listening to the music?
o. Does he sing?

4 Here is a short story. Can you understand it?

In America l'automobile è molto importante. Uomini, donne, professori e studenti usano automobili. I medici usano l'automobile per visitare i pazienti in ospedale. Uomini e donne usano l'automobile per andare al lavoro e per comprare la roba al supermercato. Consuma molta benzina l'automobile? Sì e no. Le automobili grandi consumano molta benzina. Un'automobile piccola non consuma molta benzina.

uomini *men*

la roba *things*
benzina *gasoline*

Attività

F. Answer the following questions in Italian:

1. È importante l'automobile in America?

   _____

2. Usano l'automobile i medici?

   _____

3. Usano l'automobile i ragazzi?

   _____

4. Consuma molta benzina un'automobile piccola?

   _____

5. Perchè uomini e donne usano l'automobile?

   _____

G. Answer these questions about yourself:

Example: Balla il tango? No, io non ballo il tango.

1. Canta bene? _____

2. Parla francese? _____

3. Cucina il pranzo? _____ *lunch*

4. Ascolta la radio? _____

5. Usa l'automobile? _____

6. Abita a Chicago? _____ *now = adesso*

7. Arriva a scuola presto? _____

8. Studia molto? _____

H. Word Study: Give the Italian verbs to which the English words are related:

1. arrival	arrivare	6. salute	salutare
2. chant	cancionare	7. portable	portare
3. commence	cominciare	8. passage	passare
4. parlor	parlare	9. return	ritornare
5. amorous	amare	10. demand	mandare

CONVERSAZIONE

VOCABOLARIO

la macchina = **l'automobile**
funzionare *to work, to run*

subito *right away*

DOMANDE PERSONALI

Answer these questions about yourself:

1. Balla bene (*well*) lei?

    _____

2. Canta in classe lei?

    _____

3. Che cosa guarda lei?

    _____

4. Porta un dizionario a scuola lei?

    _____

5. Parla italiano lei?

    _____

6. Ascolta la musica italiana lei?

    _____

INFORMAZIONI PERSONALI

The senior class has just chosen you as "the student most likely to succeed." Congratulations! Use the following verbs (or any others you have learned) to tell us what you do (or don't do) to give the impression that you have the makings of success. For example: **Io ascolto sempre quando parla il professore.** Begin each sentence with **Io** or **Io non.**

desiderare	ascoltare	usare
guardare	domandare	studiare

1. _____

2. _____

3. _____

4. _____

5. _____

6. _____

7. _____

DIALOGO

Complete this dialog by writing the missing words:

6 Uno, due, tre ...

How to Count in Italian; Numbers 1–30

1 Repeat the numbers aloud after your teacher:

0	zero		
1	uno	11 undici	21 ventuno
2	due	12 dodici	22 ventidue
3	tre	13 tredici	23 ventitrè
4	quattro	14 quattordici	24 ventiquattro
5	cinque	15 quindici	25 venticinque
6	sei	16 sedici	26 ventisei
7	sette	17 diciassette	27 ventisette
8	otto	18 diciotto	28 ventotto
9	nove	19 diciannove	29 ventinove
10	dieci	20 venti	30 trenta

Attività

A. Write these numbers in Italian:

6 _____

13 _____

12 _____

20 _____

3 _____

15 _____

18 _____

2 _____

10 _____

17 _____

B. Match the Italian number with the numeral and write it in the space provided:

1. sedici	_16_		14
2. cinque	_5_		20
3. uno	_1_		11
4. diciassette	_17_		8
5. sette	_7_		19
6. quattordici	_14_		5
7. quattro	_4_		7
8. undici	_11_		30
9. diciannove	_19_		17
10. venti	_20_		4
11. ventotto	_18_		25
12. nove	_9_		1
13. trenta	_30_		16
14. otto	_8_		9
15. venticinque	_25_		28

C. The operator would like you to repeat some numbers in Italian:

Signorina, desidero il numero:

1. 4563278   quattro — cinque — sei — tre — due — sette — otto

2. 8794610 _____

3. 7373456 _____

4. 0802539 _____

5. 4358723 _____

D. Your teacher will say some numbers in Italian. Write the numerals for the number you hear:

Example: You hear: **venti.**   You write: **20.**

1. _____   4. _____   7.

2. _____   5. _____   8. _____

3. _____   6. _____

E. You will hear a number in English. Write the number in Italian:

1. _____   5. _____

2. _____   6. _____

3. _____   7. _____

4. _____   8. _____

2 Now that you know the numbers from 1 to 30, let's try some arithmetic. First you must learn the following expressions:

più	*plus* (+)
meno	*minus* (−)
per	*times* (×)
diviso	*divided by* (:)
fa	*equals* (=)

Examples: 2 + 2 = 4   **Due più due fa quattro.** *per* *anche*
            5 − 4 = 1   **Cinque meno quattro fa uno.**
            3 × 3 = 9   **Tre per tre fa nove.**
            12 : 2 = 6 **Dodici diviso due fa sei.**

Attività   *vero o falso*

F. Read the following equations aloud. Two of them are wrong. Find them and correct them. Write out each problem in numerals:

1. Cinque più cinque fa dieci.   _____

2. Venti meno cinque fa quindici.   _____

3. Quattro diviso due fa diciotto.   _____

4. Nove per due fa diciotto.   _____

5. Sei più tre fa nove. _____

6. Diciassette meno sedici fa uno. _____

7. Undici per uno fa undici. _____

8. Venti diviso cinque fa quattro. _____

9. Diciotto diviso due fa otto. _____

10. Dieci più sei fa sedici. _____

G. Write the following equations in Italian and then read them aloud:

1. $2 + 3 = 5$ _____

2. $9 - 2 = 7$ _____

3. $4 \times 4 = 16$ _____

4. $8 : 2 = 4$ _____

5. $12 + 3 = 15$ _____

6. $10 - 5 = 5$ _____

7. $4 \times 5 = 20$ _____

8. $30 : 3 = 10$ _____

9. $10 + 9 = 19$ _____

10. $18 - 7 = 11$ _____

H. Pick out the correct answer and read it in Italian. Write out the answer in numerals:

1. Quattro meno due fa _____.
  a. 2 b. 4 c. 6 d. 8

2. Otto più tre fa _____.
  a. 12 b. 11 c. 10 d. 9

3. Sei diviso tre fa _____.
  a. 1 b. 3 c. 2 d. 4

4. Quattro per quattro fa _____.
   a. 8   b. 20   c. 0   d. 16

5. Otto più sette fa _____.
   a. 15   b. 20   c. 16   d. 3

6. Due meno uno fa _____.
   a. 3   b. 1   c. 2   d. 4

7. Tre per tre fa _____.
   a. 6   b. 8   c. 9   d. 2

8. Quattro diviso quattro fa _____.
   a. 1   b. 8   c. 0   d. 10

9. Sedici più quattordici fa _____.
   a. 17   b. 30   c. 2   d. 4

10. Venti meno diciotto fa _____.
   a. 10   b. 9   c. 2   d. 8

I.   Complete in Italian:

1. Tre più sette fa _____.

2. Quattro meno tre fa _____.

3. Due per due fa _____.

4. Tre diviso tre fa _____.

5. Dieci meno cinque fa _____.

6. Dieci più cinque fa _____.

7. Venti diviso cinque fa _____.

8. Dodici meno sei fa _____.

9. Dieci più sette fa _____.

10. Cinque per sei fa _____.

3 Here's a conversation that uses lots of numbers. Learn the new vocabulary, then "act out" the conversation with two other students.

SCENA: Una bottega di generi alimentari.

A grocery store.   Roberto is eleven years old, Rosina is nine.

IL VENDITORE: Buon giorno, bambini. Che cosa desiderate oggi?	**il venditore** *the storekeeper*
ROBERTO: Desideriamo i cioccolatini.	**il cioccolatino** *chocolate candy*
IL VENDITORE: Eccoli! Sono venti centesimi.	**eccoli!** *here they are!*
ROBERTO: Venti centesimi? Costano molto!	**il centesimo** *the cent, penny*
	costare *to cost*
IL VENDITORE: Ma sono molto buoni!	**ma** *but*
ROBERTO: E va bene! Venti centesimi! Eh?	**e va bene!** *all right, O.K.*
(*contando*) otto, nove, dieci, undici, dodici,	**contando** *counting*
tredici, quattordici, quindici, sedici,	
diciassette. Solo diciassette centesimi!	
Signore, accetta diciassette centesimi?	**accettare** *to accept*
IL VENDITORE: Nossignore. Il prezzo è di	**il prezzo** *the price*
venti centesimi.	
ROSINA: Ma guarda qui! Io ho i tre	**guarda qui!** *look here!* **ho** *have*
centesimi!	

ROBERTO: Magnifico! Diciassette più tre fa
   venti.

IL VENDITORE: Esattamente! Mille grazie,
   bambini.

ROSINA E ROBERTO: Di niente, signore!
   Arrivederci.

mille grazie *thanks a lot*

di niente *you're welcome*

Attività

J. Complete these sentences, which are based on the conversation you have just read:

1. Roberto è un bambino di _____ anni.

2. Rosina è una bambina di _____ anni.

3. Loro desiderano comprare _____ .

4. Il venditore lavora in una _____ .

5. Il prezzo dei cioccolatini è di _____ centesimi.

6. Roberto e Rosina comprano i _____ .

INFORMAZIONI PERSONALI

Your school requires that every student fill out an I.D. card. Supply the following information in Italian, writing out all numbers:

1. Età (*age*): _____ anni

2. Numero di fratelli: _____

3. Numero di sorelle: _____

4. Numero di animali domestici: _____

5. Numero di membri della famiglia: _____

6. Numero di telefono: _360 - 8607_____

7. Numero di casa: _____

5011

CONVERSAZIONE

VOCABOLARIO

quanto? *how much*
che cosa hai? *what's the matter with you?*
di solito *usually*
tu sei *you are*

non posso *I can't*
calcolare *to calculate, do math*
questa *this*
la fasciatura *the bandage*

DIALOGO

You are asking all the questions today. Complete the dialog, choosing from the following list:

Quanto fa venti diviso due?   Quanto fa tre più quattro?
Che cosa hai oggi?   Quanto fa quindici meno cinque?

More Action Words: -ERE Verbs

1   Here are more action words. These verbs belong to the **-ERE** conjugation. Can you guess their meanings?

chiudere   **prendere**   **comprendere**

ricevere   **correre**   **rispondere**

leggere   **scrivere**   **mettere**

89

vedere   **perdere**   **vendere**

Examine the endings of each verb. These verbs do not end in **-ARE**. They end in **-ERE** and belong to the **-ERE** conjugation.

Remember what we did with the **-ARE** verbs. We dropped **-ARE** and added special endings. We must do the same thing with these verbs: Drop **-ERE,** but the endings will be different. Let's see what happens.

2 Are you ready for a little story? Look for the **-ERE** verbs and see if you can spot the endings:

È sabato sera. Sono le undici. Anna, Elisa e Gina sono sole. I genitori non sono in casa. Sono a teatro.

Improvvisamente un suono strano **rompe** il silenzio. Le ragazze hanno paura. Tutt'a un tratto Anna dice:

ANNA: C'è qualcuno in casa.

ELISA: Sì. Qualcuno **chiude** la porta dello scantinato.

GINA: Io **prendo** la mazza della scopa ...

Anna ed Elisa: Sì. Noi **scendiamo** le scale con te.

GINA: **Vedete** qualcosa?

ANNA ed ELISA: No, noi non **vediamo** niente. E tu **vedi** qualcosa?

Le ragazze **scendono** le scale piano piano. Non **vedono** niente. Tutt'a un tratto Elisa **ride** e **corre** verso la porta.

ELISA: Siamo tre sciocche! È il cane. **Corre** dietro al gatto!

sabato sera *Saturday night*
sole *alone*

improvvisamente *suddenly*
  un suono strano *a strange sound*
  rompere *to break*
hanno paura *are afraid*
  tutt'a un tratto *suddenly*
dice *says*
qualcuno *somebody*

dello scantinato *of the basement*

la mazza della scopa *the broomstick*
scendere *to go down, descend*
  le scale *the stairs*
con te *with you*
qualcosa *something*

piano piano *very softly*

ridere *to laugh*
  verso *toward*
siamo *we are* **sciocche** *fools*
dietro al *after the*

mazza also = golf club

Attività

A. Reread the story, then complete these sentences with the correct expression of your choice:

1. Anna, Elisa e Gina sono _____ .

   a. in compagnia b. sole c. brave d. sicure

2. I genitori non sono in casa. Sono _____ .

   a. all'aeroporto b. al ristorante c. a teatro d. a scuola

3. Qualcuno chiude _____ dello scantinato.

   a. la porta b. la finestra c. il fiore d. la penna

4. Gina prende _____ della scopa.

   a. la radio b. la mazza c. il telefono d. la riga

5. Le ragazze scendono _____ con Gina.

   a. il balcone b. la festa c. le scale d. la stanza

6. Il cane corre dietro al _____!

   a. gatto b. tempo c. nonno d. fratello

B. Now see if you can complete the verb by adding the correct endings to the stem of **scrivere.** We have dropped the _____ from the infinitive:

io scriv _____   noi scriv _____

tu scriv _____   voi scriv _____

lui scriv _____   loro scriv _____

lei scriv _____

lei scriv _____   loro scriv _____

C. Fill in the correct subject pronouns and give the English meanings:

1. _lui / lei_ vede _____

2. _loro_ scrivono _____

3. _noi_ leggiamo _____

4. _voi_ mettete _____

5. _tu_ prendi _____

6. _io_ rispondo _____

7. _loro_ chiudono _____

8. _lui_ riceve _____

9. _noi_ vendiamo _____

10. _tu_ perdi _____

D. Make complete sentences by putting in the correct verb forms and your own additional words to finish each sentence:

Example: (correre) Noi corriamo verso la porta.

1. (vendere) Noi _____.

2. (ricevere) Tu _____.

3. (leggere) Voi _____.

4. (prendere) Io _____.

5. (vedere) Maria _____.

6. (scendere) Tu _____.

7. (perdere) Noi _____.

8. (scrivere) Loro _____.

9. (chiudere) Lei _____.

10. (rispondere) Io _____.

E. Match the sentences with the pictures they describe:

6 Noi leggiamo il libro.
4 Il ragazzo vende i giornali.
3 Io rispondo in classe.
7 Maria vede il cane.
10 I ragazzi corrono verso il cinema.

7 Io chiudo la porta.
2 Gli studenti scrivono in italiano.
9 La signora prende il caffè.
5 Lui scende le scale.
Paola apprende molto.

1. _____

4. _____

2. _____

5. _____

3. _____

6. _____

7. _____

9. _____

8. _____

10. _____

F. Here are some **-are** and **-ere** verbs. Tell who is "doing the action" by writing in every pronoun that can be used with the verb form. Then write what each verb means:

Example: ____lui, lei____ parla   *he, she speaks, you speak*

1. _____ vendo   _____

2. _____ ballano   _____

3. _____ rispondiamo   _____

4. _____ prendete   _____

5. _____ corrono   _____

6. _____ canti   _____

7. _____ mette   _____

8. _____ lavorate   _____

9. _____ leggi   _____

10. _____ studia   _____

G. Complete each sentence with the correct form of the Italian verb:

1. (learn) Noi _____ rapidamente.

2. (sell) _____ penne Franco?

3. (read) Loro _____ il giornale italiano.

4. (put) Tu _____ i fiori nel vaso.

5. (run) Il cane _____ per la strada.

6. (answer) Lei _____ molto bene.

7. (study) _____ i verbi gli studenti?

8. (work) Il padre _____ in una scuola.

9. (speak) Io _____ italiano in casa.

10. (take) La Signora Bianchi _____ caffè con latte.

11. (see) Maria e Carlo _____ sempre gli amici.

12. (lose) _____ le matite voi?

13. (run) I cani _____ dietro al gatto.

14. (understand) Noi _____ la lezione.

15. (buy) Lo studente _____ i quaderni.

INFORMAZIONI PERSONALI

Your school counselor wants to find out a few things about your personality. Finish each sentence in a way that tells us something about you:

Example: **Io leggo molti libri.**

1. Imparo _____.

2. Mangio _____.

3. Corro _____.

4. Rispondo _____.

5. Lavoro _____.

6. Ascolto _____.

CONVERSAZIONE

VOCABOLARIO

beve *he's drinking*
io vorrei avere *I'd like to have*
come *like*

vuoi? *do you want (to)?*
Quanto costa? *How much is it?*

I verbi continuano

DIALOGO

Complete this dialog by using expressions chosen from the following list:

Oh sì. Apprende subito.   Desideri mangiare ora?
Vuoi comprare il mio gatto?   Vedi una cosa?
Un milione di dollari!   Tigre è in casa adesso.

La descrizione

How to Describe Things in Italian

1 Here are the Italian names for some common colors:

> azzurro *blue*   rosso *red*
> bianco *white*   arancione *orange*
> giallo *yellow*   marrone *brown*
> grigio *gray*   verde *green*
> nero *black*

Colors are adjectives. They describe things. For example:

> **il libro *rosso*   il gatto *bianco*   il caffè *nero***

Did you notice where the adjectives are placed in Italian? That's right — after the noun. Italian adjectives usually follow the nouns they describe.

2 Did you also notice the endings of the first six adjectives in the list above (**azzurro, bianco, giallo, grigio, nero, rosso**)? They end in what letter?

_____. Right. This masculine **-o** ending changes to **-a** when the adjective describes a feminine noun. For example:

> **il libro ross*o***   but   **la matita ross*a***
> **il gatto bianc*o***   but   **la casa bianc*a***
> **il caffè ner*o***   but   **la penna ner*a***

What happens to the adjectives **arancione, marrone,** and **verde?**

> **il fiore arancion*e***   **la penna arancion*e***
> **il cappello marron*e***   **la bicicletta marron*e***
> **il libro verd*e***   **la frutta verd*e***

As you can see, an adjective that ends in **-e** does not change its ending, whether the person or thing it describes is masculine or feminine:

> **il professore interessant*e*   la lezione interessant*e***

> **Un poema**
>
> La rosa è rossa,
> La violetta è blu,
> Lo zucchero è dolce
> E così sei tu.

Attività

A. What color is it? Complete each description with a correct Italian adjective:

1. La banana è _____.

2. Il pomodoro (*tomato*) è _____.

3. Il dollaro è _____.

4. La pianta (*plant*) è _____.

5. Il gatto è _____.

6. Il foglio è _____.

7. Il libro è _____ e _____.

8. Il latte è _____.

9. La bandiera (*flag*) americana è _____,

_____ e _____.

3 Colors are not the only adjectives. Here are some more. See if you can guess their meanings:

bello

brutto

grande

piccolo

buono

cattivo

ricco

povero

intelligente

stupido

grasso

magro

vecchio

giovane

La descrizione   101

allegro

triste

facile

difficile

lungo

corto

Let's see what we have now learned about Italian adjectives:

a. The adjective usually follows the noun it describes.
b. The adjective agrees in gender with the person or thing it describes —
masculine or feminine.

4 One more rule: An adjective that describes a plural noun must also be in plural
form. To make an adjective plural, change its ending the same way you change
the noun ending:

SINGULAR		PLURAL
il libr*o* ross*o*	MASCULINE	i libr*i* ross*i*
la cas*a* ross*a*	FEMININE	le cas*e* ross*e*
il ragazz*o* grand*e*	MASCULINE	i ragazz*i* grand*i*
la lezion*e* facil*e*	FEMININE	le lezion*i* facil*i*

l'amico ricco	MASCULINE	**gli amici ricchi**
l'amica ricca	FEMININE	**le amiche ricche**
il treno lungo	MASCULINE	**i treni lunghi**
la lista lunga	FEMININE	**le liste lunghe**

5 To summarize:

a. An adjective that ends in **-o** has four forms or endings:

-o (masculine singular): **rosso**
-i (masculine plural): **rossi**
-a (feminine singular): **rossa**
-e (feminine plural): **rosse**

b. An adjective that ends in **-e** has two forms or endings:

-e (masculine or feminine singular): **grande**
-i (masculine or feminine plural): **grandi**

Attività

B. Complete each sentence with the correct form of the adjective (watch those adjective endings!):

Example: (bello) Le sorelle sono _____ belle _____.

1. (giallo) Il limone è _____.

2. (povero) La signora è _____.

3. (vecchio) Il gatto è _____.

4. (italiano) La professoressa è _____.

5. (difficile) Le lezioni sono _____.

6. (giovane) Il fratello è _____.

7. (piccolo) Le automobili sono _____.

8. (intelligente) I ragazzi sono _____.

9. (azzurro) Il cielo (*sky*) è _____.

10. (facile) La parola è _____.

C. Next to each adjective in the left column, write the letter of the adjective in the right column that has the opposite meaning:

I		II
1. triste	_____	**a.** ricco
		b. difficile
2. povero	_____	**c.** grasso
		d. intelligente
3. bianco	_____	**e.** grande
		f. allegro
4. cattivo	_____	**g.** brutto
		h. nero
5. facile	_____	**i.** vecchio
		j. buono
6. magro	_____	
7. giovane	_____	
8. bello	_____	
9. piccolo	_____	
10. stupido	_____	

D. Underline the form of the adjective that completes the sentence correctly:

1. La matita è (lungo, lunga, lunghi, lunghe).

2. Mia sorella Maria è (bello, bella, belli, belle).

3. Gli uomini sono (ricco, ricca, ricchi, ricche).

4. Le lezioni sono (difficile, difficili).

5. I broccoli sono (verde, verdi).

6. Il gatto è un animale (piccolo, piccola, piccoli, piccole).

7. Il Signor Danisi è un professore (intelligente, intelligenti).

8. Io bevo il caffè (italiano, italiana, italiani, italianc).

9. Scrivo con una penna (rosso, rossa, rossi, rosse).

10. Studio in una scuola (importante, importanti).

6 Here's a story containing lots of adjectives:

Nuova York è una città grande. In città ci sono molte cose interessanti. Ci sono alberghi moderni, teatri importanti, ristoranti eccellenti e parchi belli. Un parco famoso è l'Orto Botanico. Nell'Orto Botanico ci sono fiori da tutte le parti del mondo. In primavera l'Orto è un festival di colori. Ci sono fiori rossi e gialli, piante verdi e bianche, e nel centro c'è un lago azzurro. Il parco è un'oasi di pace in una città con molte persone, molto traffico e molti problemi.

una città *a city*
alberghi *hotels*

l'Orto Botanico *the Botanical Garden*
da tutte le parti *from all parts*
  il mondo *the world*
  la primavera *the spring*
un lago *a lake*
la pace *the peace*

Attività

E. The following sentences are based on the story you have just read. Complete each sentence with the correct word:

1. Nuova York è _____.

2. Gli alberghi della città sono _____.

3. Ci sono molti fiori nel _____.

4. Il lago è _____.

5. In citta c'è molto _____.

F. To the right of each noun in the left column, write the letter of the adjective in the right column that can be used with it. (Watch those adjective endings!) Use each adjective only once:

1. i gatti _____   a. brutto
                               b. bianco
                               c. snelli
2. la pianta _____   d. popolari
                               e. piccolo
                               f. moderni
3. il caffè _____   g. nero
                               h. difficili
                               i. tropicale
4. lo scantinato _____ j. famosa

5. i giornali _____

6. la città _____

7. il ristorante _____

8. gli alberghi _____

9. le lezioni _____

10. il latte _____

CONVERSAZIONE

VOCABOLARIO

scusi *excuse me*
sa *do you know?*
qui *here*
quale *which*
credo *I believe*

sia *is*
vicino al *near the*
lontano da *far from*
il giovanotto *young man*
buon divertimento! *enjoy yourself!*

DIALOGO

Complete the dialog by using expressions chosen from the following list:

Ah, è il cinema vicino al parco.
Di niente, signorina.
È un ristorante eccellente.
È una città con molto traffico.

No. È a cinque minuti da qui, in quella direzione.
In quale via è?

DOMANDE PERSONALI

Answer each question with a complete Italian sentence:

1. È difficile la lezione d'italiano?

   _____

2. È importante usare il dizionario?

   _____

3. È grande la città di Nuova York?

   _____

4. Desidera un'automobile piccola lei?

   _____

5. È intelligente la professoressa d'italiano?

   _____

6. Studia in una scuola moderna lei?

   _____

7. Di che colore sono le foglie (*leaves*)?

   _____

8. Sono buoni i cioccolatini?

   _____

INFORMAZIONI PERSONALI

You want to join an exclusive club and are asked to give a brief description of yourself. Using some of the adjectives you have learned, write five sentences about yourself:

1. _____

2. _____

3. _____

4. _____

5. _____

Ripasso II (Lezioni 5-8)

Lezione 5

a. To make a sentence negative, that is, to say that a subject does NOT do or is NOT doing something, put **non** before the verb:

> Paolo *non* legge.
> Noi *non* comprendiamo.

b. To ask a question, put the subject at the end:

> **Scrive in inglese *lei*?**
> **Guardano la televisione *i ragazzi*?**

c. If the subject pronoun is omitted, the word order in a question is the same as in a statement:

STATEMENT	QUESTION
Scrive in inglese.	**Scrive in inglese?**
Guardi la televisione.	**Guardi la televisione?**

Lezione 6

0	zero				
1	uno	11	undici	21	ventuno
2	due	12	dodici	22	ventidue
3	tre	13	tredici	23	ventitrè
4	quattro	14	quattordici	24	ventiquattro
5	cinque	15	quindici	25	venticinque
6	sei	16	sedici	26	ventisei
7	sette	17	diciassette	27	ventisette
8	otto	18	diciotto	28	ventotto
9	nove	19	diciannove	29	ventinove
10	dieci	20	venti	30	trenta

+ **più**   − **meno**   × **per**   : **diviso**   = **fa**

Lezione 7

To conjugate an **-ERE** verb, drop **-ere** from the infinitive and add the proper endings:

Example: **mettere**

If the subject is **io**	add **o**	to the remaining stem:	**io** mett**o**
tu	**i**		**tu** mett**i**
lui	**e**		**lui** mett**e**
lei	**e**		**lei** mett**e**
noi	**iamo**		**noi** mett**iamo**
voi	**ete**		**voi** mett**ete**
loro	**ono**		**loro** mett**ono**

Lezione 8

Adjectives usually follow the noun and agree with the noun in number and gender. If the noun is in the singular, the adjective is in the singular. If the noun is in the plural, the adjective is in the plural. Similarly: If the noun is masculine, the adjective is masculine; if the noun is feminine, the adjective is feminine:

la rosa **ross**a	**il libr**o **giall**o	**l'amic**a **ricc**a
le rose **ross**e	**i libr**i **giall**i	**le ami**che **ric**che

Attività

A. Write the Italian words next to the English words. Then find the Italian words in the puzzle on page 112. The words may be read from left to right, right to left, up or down, or diagonally across:

green _____	to carry _____
black _____	to see _____
easy _____	to help _____
thin _____	pupil _____
pretty _____	uncle _____
poor _____	sister _____
less _____	15 _____
plus _____	3 _____
to read _____	8 _____
to take _____	4 _____
to love _____	1 _____

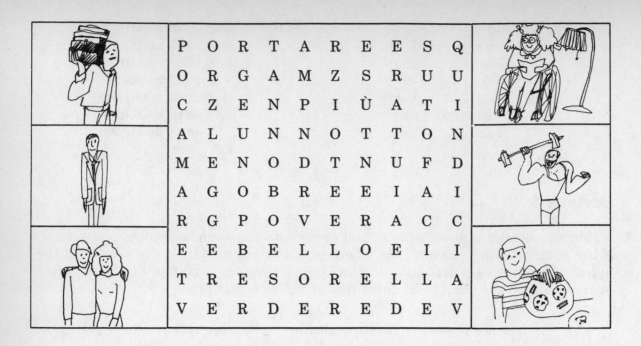

P	O	R	T	A	R	E	E	S	Q
O	R	G	A	M	Z	S	R	U	U
C	Z	E	N	P	I	Ù	A	T	I
A	L	U	N	N	O	T	T	O	N
M	E	N	O	D	T	N	U	F	D
A	G	O	B	R	E	E	I	A	I
R	G	P	O	V	E	R	A	C	C
E	E	B	E	L	L	O	E	I	I
T	R	E	S	O	R	E	L	L	A
V	E	R	D	E	R	E	D	E	V

B. Verb Game. Here are some pictures of people doing things. Complete the description of each picture, using the correct form of one of the following verbs:

cantare	guardare	cucinare	leggere
chiudere	ricevere	ascoltare	imparare
vendere	correre		

1. Noi _____ «Arrivederci Roma».

2. I ragazzi _____ la televisione.

3. La mamma _____ il pranzo.

4. Voi _____ il professore.

5. Tu _____ la porta.

6. Maria _____ una lettera.

7. Loro _____ la lezione.

8. Io _____ il libro.

9. L'uomo _____ i giornali.

10. Noi _____ nel parco.

114   *Ripasso II*

C. Cruciverba

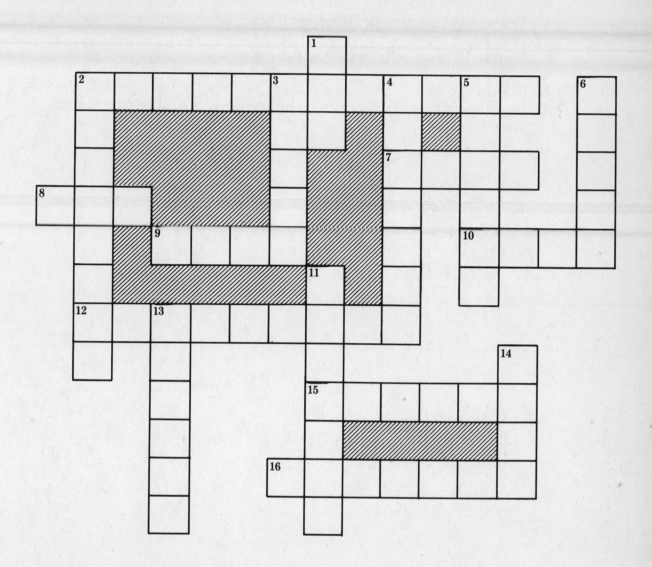

ORIZZONTALE

2. supermarket
7. nine
8. uncle
9. peace
10. they
12. to return
15. divided by
16. to believe

VERTICALE

1. you
2. to write
3. mother
4. to sing
5. table
6. rich
11. to send
13. sad
14. things

D. Are you a good detective?

The school is putting on a play. Can you help choose the characters by matching the pictures with the correct descriptions?

1. **Francesco:** 20 anni, brutto, grasso, capelli (*hair*) neri, espressione stupida.
2. **Elena:** 19 anni, bella, magra, capelli rossi, alta, intelligente, triste.
3. **Rocco:** 50 anni, vecchio, povero, bruno (*dark*), sempre allegro.
4. **Gianni:** 25 anni, capelli lunghi, ricco, ben vestito, testa piccola, serio.
5. **Despina:** donna molto ricca, non più giovane, capelli grigi, sempre sorridente (*smiling*).

1. _____

3. _____

2. _____

4. _____

5. _____

E. Quanto? All of the following people are saying some numbers. What are they?

1. _____

4. _____

2. _____

5. _____

3. _____

6. _____

F. Wouldn't you like to know your future? Follow these simple rules to see what the cards have in store for you. Choose a number from two to eight. Starting in the upper left corner and moving from left to right, write down all the letters that appear under that number in Italian:

tre **F**	quattro **B**	otto **M**	sette **B**	cinque **G**	sei **A**	sette **U**	sei **M**
quattro **U**	sei **O**	otto **O**	due **D**	sei **R**	otto **L**	tre **E**	cinque **R**
due **O**	sette **O**	otto **T**	due **L**	sette **N**	tre **L**	quattro **O**	sette **I**
quattro **N**	sette **A**	cinque **A**	quattro **A**	sette **M**	otto **O**	cinque **N**	sei **E**
cinque **D**	tre **I**	cinque **E**	due **L**	cinque **F**	cinque **A**	tre **C**	quattro **S**
due **A**	otto **D**	sei **E**	tre **I**	quattro **A**	sette **I**	sei **T**	quattro **L**
sette **C**	otto **E**	quattro **U**	due **R**	sette **I**	sei **E**	otto **N**	tre **T**
otto **A**	cinque **M**	sei **R**	cinque **I**	otto **R**	quattro **T**	tre **À**	due **I**
cinque **G**	sei **N**	cinque **L**	quattro **E**	sei **O**	cinque **I**	otto **O**	cinque **A**

G. Picture Story. Read this story aloud. When you come to a picture, read the
Italian word for it:

In America ci sono molte [grattacieli] grandi. Nelle città, ci sono cose

interessanti: [alberghi] moderne, [ristoranti] eccellenti,

[teatri] importanti e [parchi] belli. Nei parchi ci sono [fiori] e

[piante] belle. Per andare alle diverse parti della [città] ,

[uomini] e [donne] usano vari mezzi di trasporto. Maria usa

il [treno] , Giovanni usa l' [autobus] . Franco prende un

[tassì] . Roberto ha una [automobile] piccola.

Mario è un [ragazzo] di dieci anni. Lui non ha molti [soldi] .

Il [ragazzo] ha una [bicicletta] per andare a [scuola] .

Terza Parte

9 «To be or not to be»

The Verb essere; *Professions and Trades*

1 Vocabolario

il cameriere

la cameriera

il dottore
il medico

la dottoressa

l'avvocato

l'avvocatessa

l'attore

l'attrice

il segretario

la segretaria

l'infermiere

l'infermiera

il giornalista

la giornalista

il postino

la postina

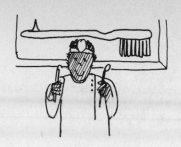

il dentista

l'agente di polizia

il meccanico

Attività

A. Match the following occupations with the related pictures:

l'avvocato	l'agente di polizia
la postina	la dottoressa
il dentista	l'infermiera
il cameriere	la segretaria
il meccanico	il giornalista

1. _____

3. _____

2. _____

4. _____

5. _____

8. _____

6. _____

9. _____

7. _____

10. _____

B. Now identify these pictures:

1. _____

2. _____

3. _____

7. _____

4. _____

8. _____

5. _____

9. _____

6. _____

10. _____

2 One of the most important words in the Italian language is the verb **essere** (*to be*). **Essere** is a special verb because no other verb is conjugated like it. For this reason, **essere** is called irregular. You must, therefore, memorize all forms of **essere**:

io	sono	*I am*
tu	sei	*you are* (familiar singular)
lui	è	*he is*
lei	è	*she is*
lei	è	*you are* (formal singular)
noi	siamo	*we are*
voi	siete	*you are* (familiar plural)
loro	sono	*they are*
loro	sono	*you are* (formal plural)

3 Look at these sentences for a moment:

> **La Signora Montini è professoressa.**
> **Kojak è agente di polizia.**

What little word did we leave out before the name of the profession?_____

That's right, we do not use the indefinite article **un, uno, una, un'** with a trade, profession, nationality, or religion after a form of **essere**.

But look at these sentences:

> **La Signora Montini è** *una* **professoressa buona.**
> **Kojak è** *un* **agente intelligente.**

The indefinite article is used when the trade, profession, nationality, or religion is accompanied by an adjective.

Attività

C. Choose eight people you know and write their professions in complete sentences:

Example: **Trapper John è medico.**

1. _____

2. _____

3. _____

4. _____

5. _____

6. _____

7. _____

8. _____

D. Fill in the correct subject pronouns:

1. _____ sono contento.

2. _____ è dentista.

3. _____ siamo italiani.

4. _____ siete intelligenti.

5. _____ sei un medico buono.

6. _____ sono professori.

E. Make all the sentences in Attività D negative:

1. _____

2. _____

3. _____

4. _____

5. _____

6. _____

F. Complete each sentence with the correct form of the verb **essere**:

1. Salvatore _____ giornalista.

2. Io _____ postino.

3. Lei non _____ segretaria.

4. _____ avvocato lei?

5. Maria _____ dentista.

6. I miei genitori _____ medici.

7. _____ grassi loro?

8. _____ i fratelli di Giuseppe voi?

9. Noi _____ intelligenti.

10. L'agente di polizia _____ giovane.

G. Here are some sentences in which a form of **essere** is used. Can you match these sentences with the pictures they describe?

Terrore è un cane.
Le case sono grandi.
Io sono povero.
Tu sei agente di polizia.

I nonni sono vecchi.
Noi siamo contenti.
Voi siete amici.
La ragazza è bella.

1. _____

5. _____

2. _____

6. _____

3. _____

7. _____

4. _____

8. _____

4 Here's a short conversation between Giovanni, a new boy in school, and Mr. Rossi, the teacher of the class:

IL SIGNOR ROSSI: Buon giorno, giovanotto. Come ti chiami? Sei uno studente nuovo?

GIOVANNI: Sì, signore. Sono Giovanni Trombetta.

IL SIGNOR ROSSI: Bravo, Giovanni. Capisci l'inglese?

GIOVANNI: Non tanto. Io sono napoletano. In casa parliamo il dialetto napoletano e l'italiano.

non tanto *not much*
  napoletano *Neapolitan (from Naples)*
in casa *at home*
  il dialetto *the dialect*

IL SIGNOR ROSSI: Oh, è interessante. Dove lavora tuo padre?

GIOVANNI: Mio padre è meccanico. Lavora in un'officina meccanica. Mia madre lavora in un ospedale.

l'officina meccanica
  the garage

IL SIGNOR ROSSI: Va bene, Giovanni. Se studi tutti i giorni, imparerai molto in classe. Le lezioni non sono difficili. Se ci sono problemi, tu sai che io parlo italiano.

va bene *all right, O.K.*
  se *if*
imparerai *you will learn*

tu sai *you know*

GIOVANNI: Grazie, professore. Lei è veramente gentile.

veramente *really*

IL SIGNOR ROSSI: Di niente, Giovanni! A domani.

GIOVANNI: Arrivederci, professore.

Attività

H. Vero o falso? These statements are based on the dialog you have just read. If the statement is true, write **vero**. If it is false, write it correctly:

1. Giovanni Trombetta è il professore. _____

2. Il Signor Rossi parla italiano. _____

3. Giovanni non parla inglese. _____

4. Il padre di Giovanni lavora in un ospedale. _____

5. Il professore è napoletano. _____

6. La madre di Giovanni non lavora. _____

7. Le lezioni sono facili. _____

8. Il Signor Rossi è un uomo cattivo. _____

9. Giovanni parla inglese in casa. _____

10. Giovanni va a scuola domani. _____

I. Respond in complete Italian sentences:

1. Chi è Giovanni Trombetta?

_____

2. Quali lingue parla Giovanni?

_____

3. Parla italiano il Signor Rossi?

_____

4. Dove lavora la madre di Giovanni?

_____

5. Di che nazionalità è Giovanni?

_____

CONVERSAZIONE

VOCABOLARIO

però *but*

deve *you must*

DIALOGO

Complete the dialog with the correct expression chosen from the following list:

Non tanto. Parliamo inglese in casa.
Grazie, professore.
Sono Aldo Donato.

No, non lavora.
Sono difficili le lezioni?
Lavora in un'officina meccanica.

INFORMAZIONI PERSONALI

List the Italian names for five trades, occupations, or professions that interest you most. Next to each, write a sentence in Italian that says something about the occupation or the person who does that kind of work:

Example: **un dottore**   **Il suo lavoro è molto importante**.

1. _____

2. _____

3. _____

4. _____

5. _____

10 | Altri verbi

-IRE Verbs

1 There is one other group of action words — verbs that end in **-IRE.** See if you can guess their meanings:

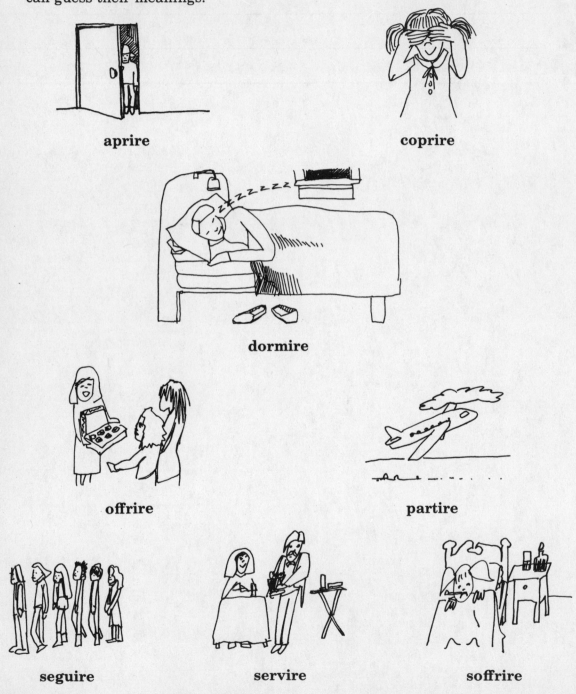

aprire

coprire

dormire

offrire

partire

seguire

servire

soffrire

136

Here are eight more actions words. Do you recall what you did with **-ARE** and **-ERE** verbs when you used them? You dropped the **-are** and **-ere** and added certain endings. You must do the same thing with **-IRE** verbs.

Here's an example, using the verb **partire** (*to leave, to depart*):

io parto	*I leave, I am leaving*	
tu part*i*	*you leave, you are leaving* (familiar)	
lei part*e*	*he leaves, he is leaving*	
lui part*e*	*she leaves, she is leaving*	
lei part*e*	*you leave, you are leaving* (formal)	
noi part*iamo*	*we leave, we are leaving*	
voi part*ite*	*you leave, you are leaving* (familiar)	
loro part*ono*	*they leave, they are leaving*	
loro part*ono*	*you leave, you are leaving* (formal)	

Compare the endings with those used for **-ERE** verbs. What do you notice? That's right, they are the same except for the **voi** form. Compare:

voi cred*ete*   **voi** dorm*ite*

Attività

A. Let's practice with other **-IRE** verbs of this type:

	coprire	offrire	seguire	servire
io	_____	_____	_____	_____
tu	_____	_____	_____	_____
lui	_____	_____	_____	_____
lei	_____	_____	_____	_____
lei	_____	_____	_____	_____
noi	_____	_____	_____	_____
voi	_____	_____	_____	_____
loro	_____	_____	_____	_____
loro	_____	_____	_____	_____

B. Complete the sentences with the correct subject pronoun:

1. _____ parti per Roma.

2. _____ servono il caffè.

3. _____ dormiamo otto ore.

4. _____ seguite il professore.

5. _____ offrono fiori.

6. _____ soffro molto.

7. _____ copriamo la lavagna.

C. Complete the sentences with the correct forms of the verb **aprire** and give their English meanings:

1. Elisa _____ il quaderno. _____

2. Noi _____ le finestre. _____

3. Tu _____ la porta. _____

4. Loro _____ il libro. _____

5. Voi _____ le lettere. _____

D. Here are some sentences with **-IRE** verbs. Match them with their correct English equivalents. Write the matching letter in the space provided:

1. Io apro la porta. _____
2. Non dormono bene. _____
3. Soffrono molto. _____
4. Tu parti domani. _____
5. Noi partiamo subito. _____
6. Lei dorme. _____
7. Aprite la finestra? _____
8. Loro servono il caffè. _____
9. Lei segue la lista. _____
10. Voi coprite i libri. _____
11. Che cosa servi tu? _____
12. Voi soffrite? _____
13. Dormi tu? _____
14. Lei apre il libro. _____
15. Noi offriamo fiori. _____

a. You are leaving tomorrow.
b. She is sleeping.
c. She follows the list.
d. Do you suffer?
e. Are you opening the window?
f. What are you serving?
g. I open the door.
h. We are leaving right away.
i. Are you sleeping?
j. We are offering flowers.
k. They don't sleep well.
l. You cover the books.
m. You open the book.
n. They serve coffee.
o. They suffer a lot.

2 Here's one more important **-IRE** verb: **capire** (*to understand*). We present it separately because it has some irregular forms. Look carefully:

io cap*isco*	noi capiamo
tu cap*isci*	voi capite
lui cap*isce*	
lei cap*isce*	loro cap*iscono*
lei cap*isce*	loro cap*iscono*

Did you notice the endings for **io, tu, lei, lui,** and **loro?** What did we insert

between the stem **cap-** and the endings? _____ Verbs like **capire** are sometimes called **ISCO** verbs. Other common **ISCO** verbs are **finire** (*to finish*), **preferire** (*to prefer*), and **spedire** (*to mail*).

Attività

E. Here are some **-IRE** verbs of both types. Match the Italian expressions with their English equivalents. Write the matching letter in the space provided:

1. lui preferisce _____
2. io apro _____
3. lei dorme _____
4. loro capiscono _____
5. loro servono _____
6. noi soffriamo _____
7. io finisco _____
8. voi partite _____
9. lei capisce _____
10. voi preferite _____

a. she is sleeping
b. you serve
c. I finish
d. you leave
e. he prefers
f. you understand
g. you prefer
h. we suffer
i. I open
j. they understand

F. Complete each sentence with the correct form of the verb:

1. (capire) Maria _____ la musica.

2. (seguire) Gli alunni _____ la lezione.

3. (finire) Io _____ il libro.

4. (capire) Noi _____ la professoressa.

5. (servire) La nonna _____ le pizze.

6. (dormire) Voi _____ bene.

7. (aprire) Tu _____ la porta.

8. (offrire) Io _____ il caffè.

9. (partire) Loro _____ per Napoli.

10. (preferire) Voi _____ il tè.

G. Complete the sentences with the correct Italian verb forms:

1. (prefer) Le ragazze _____ il colore rosso.

2. (serve) Il cameriere _____ il pranzo.

3. (understand) Io _____ la lezione.

4. (cover) Anita ed io _____ il libro.

5. (open) Tu ed Antonio _____ le porte.

H. Match the sentences with the pictures they describe:

Io dormo bene.
Le ragazze finiscono il pranzo.
Il padre apre la lettera.
Loro partono con il treno.

Noi offriamo fiori.
Il ragazzo copre la finestra.
Io servo il latte.
Non capisce.

 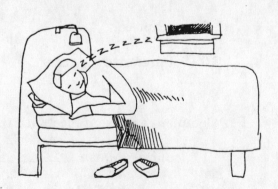

1. _____   2. _____

3. _____

6. _____

4. _____

7. _____

5. _____

8. _____

3   Now we are ready to compare all three types of verbs, **-are, -ere,** and **-ire:**

	parlare (_to speak_)	**leggere** (_to read_)	**partire** (_to leave_)
io	parl*o*	legg*o*	part*o*
tu	parl*i*	legg*i*	part*i*
lui ⎫ lei ⎬ lei ⎭	parl*a*	legg*e*	part*e*
noi	parl*iamo*	legg*iamo*	part*iamo*
voi	parl*ate*	legg*ete*	part*ite*
loro ⎫ loro ⎭	parl*ano*	legg*ono*	part*ono*

Attività

I. Three titles are listed below each picture. Underline the correct title:

1.
a. Io scrivo.
b. Io entro.
c. Io domando.

4.
a. Lei mangia.
b. Lei beve.
c. Lei studia.

2.
a. Noi riceviamo.
b. Noi cantiamo.
c. Noi rispondiamo.

5.
a. Rosetta ascolta.
b. Rosetta apre.
c. Rosetta divide.

3.
a. Lui parte.
b. Lui divide.
c. Lui canta.

6.
a. Lei apre.
b. Lei balla.
c. Lei vende.

7.

a. Loro comprano.
b. Loro corrono.
c. Loro usano.

9.

a. Io visito.
b. Io passo.
c. Io lavoro.

8.

a. Carlo e Marisa seguono.
b. Carlo e Marisa vivono.
c. Carlo e Marisa entrano.

10.

a. Franco legge.
b. Franco impara.
c. Franco guarda.

4 Here's a conversation containing **-are, -ere,** and **-ire** verbs. All of Antonio's friends are trying to find out what his parents do for a living. Would you know?

MARIA: La famiglia di Antonio vive bene.
ALBERTO: Sì, abitano in una bella casa.
CARLO: Hanno un'automobile nuova.
ANNA: Ci sono due sorelle nella famiglia:
Carmen e Marisa. Una è infermiera e
l'altra è segretaria. Comprano sempre
vestiti nuovi.
ALDO: Mangiano e bevono bene. Quando
visito la famiglia, c'è sempre molto cibo
sulla tavola.
MARIA: Ma che lavoro fa il padre di
Antonio?

(Entra Antonio.)

vivere *to live*

hanno *they have*

vestiti *clothes*
bevono *they drink*
il cibo *the food*
sulla tavola *on the table*
che lavoro fa ...? *what
    kind of work does ... do?*

ALBERTO: Antonio, dove lavorano i tuoi genitori?

i tuoi *your*

ANTONIO: I miei genitori lavorano in un supermercato.

i miei *my*

TUTTI: Adesso capiamo perchè c'è sempre tanto cibo a casa sua.

Attività

J. Complete the sentences by choosing the correct words and writing them in the blanks:

1. Marisa e Carmen sono _____ di Antonio.

   a. amici b. sorelle c. zie d. amiche

2. La famiglia di Antonio _____ una bella casa.

   a. compra b. desidera c. abita in d. vende

3. L'automobile della famiglia è _____.

   a. grande b. magnifica c. vecchia d. nuova

4. Ci sono _____ sorelle nella famiglia.

   a. due b. tre c. quattro d. cinque

5. L'infermiera lavora in _____.

   a. un supermercato b. una casa c. un ospedale d. un cinema

6. Marisa e Carmen comprano sempre _____.

   a. vestiti b. cioccolatini c. libri d. fiori

7. Una segretaria lavora in _____.

   a. un negozio b. un ufficio c. un teatro d. un ristorante

8. La famiglia di Antonio _____ bene.

   a. studia b. apprende c. ascolta d. mangia

9. Un _____ è una persona che lavora con i pazienti.

   a. postino b. avvocato c. attore d. medico

10. In un supermercato non vendono _____.

    a. pane b. televisioni c. frutta d. latte

CONVERSAZIONE

VOCABOLARIO

punire *to punish*   **può** *may, can*
spesso *often*   **mai** *never*
di testa sua *as he pleases*

Altri verbi   **145**

DIALOGO

Choose the correct response to each question:

INFORMAZIONI PERSONALI

Complete these five sentences by writing something original about yourself:

Example: **Io finisco**   **Io finisco le frasi.**

1. Io segno _____.

2. Io preferisco _____.

3. Io dormo _____.

4. Io capisco _____.

5. Io servo _____.

11 | Come sta?

Expressions with **stare**

1   "To be or not to be?" We have already learned one verb that means *to be*: **essere**. Here's another one: **stare**.

Io sto qui.

Noi stiamo cantando.

Tu stai lì.

Voi state leggendo.

Lui sta male.

Loro stanno attenti.

Lei sta bene.

Loro stanno per arrivare.

Lei sta guardando la televisione.

2   Let's see how **stare** is conjugated. You can see that, like **essere, stare** is somewhat irregular.

io	sto	*I am*
tu	stai	*you are* (familiar singular)
lui	sta	*he is*
lei	sta	*she is*
lei	sta	*you are* (formal singular)
noi	stiamo	*we are*
voi	state	*you are* (familiar plural)
loro	stanno	*they are*
loro	stanno	*you are* (formal plural)

3   The question now is: When do we use forms of **essere** and when do we use forms of **stare**? For example, if we want to say *I am*, do we say **io sono** or **io sto**? If we want to say *he is*, do we say **lui è** or **lui sta?**

We can't just use whichever verb we feel like using. There are certain rules. The following examples show four special uses of the verb **stare:**

a. Come *sta* (lei)?   *How are you?*
     ***Sto* bene, grazie.**   *I'm well, thank you.*
     Non *sto* bene; *sto* male.   *I'm not well; I'm sick.*

Do you know why we use forms of **stare** in these sentences? The reason is that they talk about a person's HEALTH.

b. Carlo *sta* leggendo.   *Charles is reading.*
Noi *stiamo* correndo.   *We are running.*
Io *sto* parlando.   *I am talking.*

In these sentences, the subjects are doing something RIGHT NOW.

c. La lezione *sta per* finire.   *The lesson is about to end.*
Io *sto per* andare a scuola.   *I'm about to go to school.*
Il film *sta per* cominciare.   *The movie is about to start.*

In these sentences, something is ABOUT TO take place, expressed by a form of **stare** + **per**.

d. *Sta* a me decidere.   *It's up to me to decide.*
Lo studente non *sta* attento.   *The student is not paying attention.*

Forms of **stare** are used in expressions with SPECIAL MEANINGS. These you must memorize.

4   Here, then, are the simple rules. There are four uses of **stare**:

a. HEALTH. If we ask about or tell about someone's health:

> Io *sto* bene.   *I am well.*
> Giovanni *sta* male.   *Giovanni is sick.*

b. ACTION IN PROGRESS. If the subject is in the process of doing something:

> Marisa *sta* dormendo.   *Marisa is (just now) sleeping.*

c. ACTION ABOUT TO TAKE PLACE. When an action is about to occur:

> Noi *stiamo per* partire.   *We are about to leave.*

d. IDIOMATIC EXPRESSIONS. In special expressions used with **stare**:

> *Sta* a te pagare.   *It's up to you to pay.*

Attività

A. Complete the following sentences with the correct forms of **stare**:

1. Loro _____ zitti.

2. Maria _____ male.

3. Noi _____ per partire.

4. Come _____ lei?

5. Che cosa _____ mangiando voi?

6. Io _____ per cominciare.

7. Lavoro molto e _____ sempre in piedi.

8. Maria _____ ballando con Antonio.

9. _____ a me studiare tutti i giorni.

10. Perchè non _____ bene lei?

Attività

B. Match the sentences with the correct pictures:

La classe sta imparando l'italiano.
Siamo agenti di polizia.
Loro stanno per comprare una
  macchina.

Come sta tua nonna?
Io sono molto allegro.
Tu non stai bene oggi?

1. _____

4. _____

2. _____

5. _____

3. _____

6. _____

5 Let's review the two verbs that mean *to be*. Repeat them aloud after your teacher:

essere			stare	
io	sono	*I am*	io	sto
tu	sei	*you are*	tu	stai
lui ⎫		*he is*	lui ⎫	
lei ⎬ è		*she is*	lei ⎬ sta	
lei ⎭		*you are*	lei ⎭	
noi	siamo	*we are*	noi	stiamo
voi	siete	*you are*	voi	state
loro ⎫ sono		*they are*	loro ⎫ stanno	
loro ⎭		*you are*	loro ⎭	

Attività

C. Choose between **essere** and **stare.** Underline the correct form:

1. Roberto (è, sta) medico.
2. La ragazza non (sta, è) bene oggi.
3. Io (sono, sto) americano.
4. Voi (state, siete) per partire.
5. Loro (sono, stanno) leggendo il libro.
6. Elena (è, sta) bella.
7. I ragazzi non (sono, stanno) attenti oggi.
8. (Sta, È) a me decidere.
9. Come (stanno, sono) i pazienti?
10. Il signore (è, sta) ricco.

6 Read the following story:

Povero Roberto! Lui non sta bene oggi. Non desidera mangiare. Non desidera leggere. Mentre sta guardando la televisione, la mamma, che sta vicino al ragazzo, vede che Roberto sta male.

mentre *while*
che *who*
  vicino al *near the*
  che *that*

LA MAMMA: Sto per preparare un bel brodo di pollo.

un bel brodo di pollo *a nice chicken broth*

ROBERTO: Mamma! Non posso stare in piedi! Sto soffrendo molto. Ahi, ahi, che dolore!

non posso stare in piedi! *I can't stand up!*
che dolore! *what pain!*

LA MAMMA: Non è niente! Sta arrivando il medico.

(Entra il Dottor Bentivoglio. È giovane e bello. È un bravo medico e capisce i problemi dei ragazzi.)

IL DOTTOR BENTIVOGLIO: Dov'è il paziente? Ah, eccolo! Come stai, giovanotto?

eccolo! *here he is!*

ROBERTO: Male! Male! Sto male!

IL DOTTOR BENTIVOGLIO: E perchè stai piangendo?

piangere *to cry*

ROBERTO: La scuola! ... I compiti! ... La
professoressa!

i compiti *the homework*

IL DOTTOR BENTIVOGLIO: Domani è festa e
non c'è scuola.

ROBERTO: Non c'è scuola? È festa?
Oh grazie, dottore! ... Adesso sto bene!

Attività

D. Complete each sentence with the correct form of **essere** or **stare**, based on
the story you have just read:

1. Roberto non _____ bene oggi.

2. Lui _____ guardando la televisione.

3. La mamma _____ vicino al ragazzo.

4. _____ per preparare un bel brodo di pollo.

5. Non posso _____ in piedi.

6. _____ arrivando il medico.

7. Il Dottor Bentivoglio _____ giovane e bello.

8. Come _____, giovanotto? Perchè _____ piangendo?

9. Domani _____ festa.

10. Adesso _____ bene.

CONVERSAZIONE

VOCABOLARIO

poverina *poor little thing*
Che ti succede? *What's the matter with you?*
non ho voglia di *I don't feel like*
hai *you have*

il raffreddore *the cold*
un po' di febbre *some fever*
così *so*
devo *I have to*

DOMANDE PERSONALI

Can you give honest answers to these questions? Try your best:

1. È contento (contenta) di essere a scuola oggi?

   _____

2. Sta soffrendo durante la lezione d'italiano?

   _____

3. Desidera guardare la televisione tutto il giorno?

   _____

4. È giovane e bello (bella)?

   _____

5. Che cosa sta facendo adesso?

   _____

INFORMAZIONI PERSONALI

The school computer is assembling a personality profile for every student. You are asked to answer the following questions truthfully:

	Sì	No
1. È intelligente?		
2. Sta zitto (zitta) in classe?		
3. È grasso (grassa)?		
4. Sta male il giorno degli esami?		
5. È ricco (ricca)?		
6. Sta studiando durante la lezione d'italiano?		
7. È brutto (brutta)?		
8. Sta sempre attento (attenta)?		
9. È giovane?		
10. Sta bene oggi?		

DIALOGO

Complete the dialog with expressions chosen from the following list:

molto denaro	mangiare	succede	stai
il raffreddore	importante	a scuola	medicina
tante grazie	giorni	sto	male
stai	febbre	prendere	sono
ballare	a letto	la lampada	povero

12 I giorni, i mesi, le stagioni

1988

GENNAIO

LUNEDÌ	4	11	18	25
MARTEDÌ	5	12	19	26
MERCOLEDÌ	6	13	20	27
GIOVEDÌ	7	14	21	28
VENERDÌ	1	8	15	22	29
SABATO	2	9	16	23	30
DOMENICA	3	10	17	24	31

FEBBRAIO

LUNEDÌ	1	8	15	22	29
MARTEDÌ	2	9	16	23	
MERCOLEDÌ	3	10	17	24	
GIOVEDÌ	4	11	18	25	
VENERDÌ	5	12	19	26	
SABATO	6	13	20	27	
DOMENICA	7	14	21	28	

MARZO

LUNEDÌ	7	14	21	28
MARTEDÌ	1	8	15	22	29
MERCOLEDÌ	2	9	16	23	30
GIOVEDÌ	3	10	17	24	31
VENERDÌ	4	11	18	25
SABATO	5	12	19	26
DOMENICA	6	13	20	27

APRILE

LUNEDÌ	4	11	18	25
MARTEDÌ	5	12	19	26
MERCOLEDÌ	6	13	20	27
GIOVEDÌ	7	14	21	28
VENERDÌ	1	8	15	22	29
SABATO	2	9	16	23	30
DOMENICA	3	10	17	24

MAGGIO

LUNEDÌ	2	9	16	23	30
MARTEDÌ	3	10	17	24	31
MERCOLEDÌ	4	11	18	25	
GIOVEDÌ	5	12	18	26	
VENERDÌ	6	13	19	27	
SABATO	7	14	20	28	
DOMENICA	1	8	15	21	29

GIUGNO

LUNEDÌ	6	13	20	27
MARTEDÌ	7	14	21	28
MERCOLEDÌ	1	8	15	22	29
GIOVEDÌ	2	9	16	23	30
VENERDÌ	3	10	17	24
SABATO	4	11	18	25
DOMENICA	5	12	19	26

LUGLIO

LUNEDÌ	4	11	18	25
MARTEDÌ	5	12	19	26
MERCOLEDÌ	6	13	20	27
GIOVEDÌ	7	14	21	28
VENERDÌ	1	8	15	22	29
SABATO	2	9	16	23	30
DOMENICA	3	10	17	24	31

AGOSTO

LUNEDÌ	1	8	15	22	29
MARTEDÌ	2	9	16	23	30
MERCOLEDÌ	3	10	17	24	31
GIOVEDÌ	4	11	18	25
VENERDÌ	5	12	19	26
SABATO	6	13	20	27
DOMENICA	7	14	21	28

SETTEMBRE

LUNEDÌ	5	12	19	26
MARTEDÌ	6	13	20	27
MERCOLEDÌ	7	14	21	28
GIOVEDÌ	1	8	15	22	29
VENERDÌ	2	9	16	23	30
SABATO	3	10	17	24
DOMENICA	4	11	18	25

OTTOBRE

LUNEDÌ	3	10	17	24	31
MARTEDÌ	4	11	18	25	
MERCOLEDÌ	5	12	19	26	
GIOVEDÌ	6	13	20	27	
VENERDÌ	7	14	21	28	
SABATO	1	8	15	22	29
DOMENICA	2	9	16	23	30

NOVEMBRE

LUNEDÌ	7	14	21	28
MARTEDÌ	1	8	15	22	29
MERCOLEDÌ	2	9	16	23	30
GIOVEDÌ	3	10	17	24
VENERDÌ	4	11	18	25
SABATO	5	12	19	26
DOMENICA	6	13	20	27

DICEMBRE

LUNEDÌ	5	12	19	26
MARTEDÌ	6	13	20	27
MERCOLEDÌ	7	14	21	28
GIOVEDÌ	1	8	15	22	29
VENERDÌ	2	9	16	23	30
SABATO	3	10	17	24	31
DOMENICA	4	11	18	25

1 I giorni della settimana sono:

lunedì	mercoledì	venerdì	domenica
martedì	giovedì	sabato	

NOTE:

a. The first day of the week is Monday.

b. The days of the week are masculine (**il lunedì,** etc.) except Sunday (**la domenica**).

c. The days of the week begin with a small letter in Italian, except when they begin a sentence.

d. on Monday = **il lunedì**
on Friday = **il venerdì**

In Italian, use the definite article in place of English *on.*

Attività

A. Fill in the name of the day:

1. l _ n _ d _   4. _ i _ v _ _ ì   6. s _ _ _ _ _ o

2. v _ n _ rd _   5. m _ rc _ l _ d _   7. d _ m _ _ _ _ c_

3. m _ rt _ d _

B. Fill in the correct information:

1. Ci sono _____ giorni in una settimana.

2. I giorni di lavoro (*work*) sono _____

_____.

3. Non c'è scuola _____ e _____.

C. Fill in the days before and after the day given:

1. _____ lunedì _____

2. _____ mercoledì _____

3. _____ venerdì _____

4. _____ domenica _____

2 Now you can read this story about the days of the week:

Qual è il suo giorno preferito? Perchè?

RENATO: Sabato e domenica. Non c'è scuola.

FRANCA: Lunedì. Mi piace la scuola.   **mi piace** *I like*

TINA: Lunedì, martedì, mercoledì, giovedì e venerdì. Parlo con Paolo, un ragazzo formidabile, durante la lezione di storia.

ROBERTO: Sabato e domenica. Accendo la televisione e guardo tutti i programmi sportivi.   **accendere** *to turn on*

PAOLO: Sabato. Ogni sabato ho un appuntamento con una ragazza diversa.   **un appuntamento** *a date*
diversa *different*

Attività

D. Match the person with his/her favorite day. Write the matching letter in the space provided.

1. Renato _____
2. Franca _____
3. Tina _____
4. Roberto _____
5. Paolo _____

   a. sabato
   b. sabato e domenica
   c. sabato e domenica
   d. lunedì
   e. lunedì, martedì, mercoledì, giovedì, venerdì

E. Give the reason in Italian why each person prefers his/her favorite day(s):

1. Renato _____
2. Franca _____
3. Paolo _____
4. Roberto _____
5. Tina _____

F. Qual è il suo giorno preferito? _____

Perchè? _____

_____

3 I mesi dell'anno sono:

gennaio

febbraio

marzo

aprile

maggio

giugno

luglio   **agosto**   **settembre**

ottobre   **novembre**   **dicembre**

Note that the months begin with small letters in Italian, except at the beginning of a sentence.

Attività

G. Complete the names of the months:

1. g _ nn _ _ _
2. m _ gg _ _
3. l _ gl _ _
4. m _ rz _

5. _ e _ t _ mbr _
6. d _ c _ mbr _
7. g _ _ gn _
8. f _ bbr _ _ _

9. _ g _ st _
10. _ tt _ br _
11. _ pr _ l _
12. n _ v _ mbr _

H. Fill in the months before and after the month given:

1. _____ febbraio _____

2. _____ maggio _____

3. _____ agosto _____

4. _____ novembre _____

5. _____ gennaio _____

6. _____ aprile _____

7. _____ luglio _____

8. _____ ottobre _____

4   Le quattro stagioni sono:

la primavera   l'estate   l'autunno   l'inverno

Attività

I.   Fill in the names of the months for each season:

la primavera	l'estate	l'autunno	l'inverno
m _____	g _____	s _____	d _____
a _____	l _____	o _____	g _____
m _____	a _____	n _____	f _____

5   Now you can read this story about the months of the year:

Qual è la sua stagione preferita?
Qual è il suo mese preferito? Perchè?

REGINA: L'inverno.   Gennaio.   Mi   piace
sciare.   **sciare** *to ski*

MARIA: L'estate. Agosto. Mi piace nuotare   **nuotare** *to swim*
nell'oceano.

ARTURO: L'autunno. Ottobre. Mi piace
giocare al calcio.

giocare *to play*
il calcio *soccer*

ANDREA: La primavera. Aprile. Mi piace
giocare a baseball.

CATERINA: L'autunno. Settembre. Mi piace
ritornare a scuola.

PAOLO: L'estate. Luglio. Non c'è più scuola.   **non c'è più** *no more*

ENRICO: L'inverno. Dicembre. Mi piace
Babbo Natale.   **Babbo Natale** *Santa Claus*

MICHELA: La primavera. Maggio. È il mese delle rose.

Attività

J. Match the person with his/her favorite month. Write the matching letters in the space provided:

1. Paolo _____   **a.** maggio
                        b. gennaio
2. Andrea _____   **c.** dicembre
                        d. aprile
3. Michela _____   **e.** luglio
                        f. ottobre
4. Arturo _____   **g.** settembre
                        h. agosto
5. Regina _____

6. Enrico _____

7. Maria _____

8. Caterina _____

K. Identify with each person in the story and write in Italian why you prefer your month:

1. Enrico _____

2. Michela _____

3. Maria _____

4. Andrea _____

5. Caterina _____

6. Paolo _____

7. Regina _____

8. Arturo _____

L. Qual è la sua stagione preferita? _____

Perchè? _____

_____

Qual è il suo mese preferito? _____

Perchè? _____

_____

M. Name the season for each month:

1. marzo   _____

2. luglio   _____

3. ottobre   _____

4. gennaio   _____

5. dicembre   _____

6. maggio   _____

7. agosto   _____

8. aprile   _____

9. novembre   _____

10. giugno   _____

11. settembre   _____

12. febbraio   _____

6 Now let's see how Italians express the date:

Qual è la data di oggi? (*What is today's date?*)

```
        SETTEMBRE
        5   12   19   26
        6   13   20   27
        7   14   21   28
   1    8   15   22   29
  (2)   9   16   23   30
   3   10   17   24
   4   11   18   25
```

È il due settembre.

```
         LUGLIO
        4  (11)  18   25
        5   12   19   26
        6   13   20   27
        7   14   21   28
   1    8   15   22   29
   2    9   16   23   30
   3   10   17   24   31
```

È l'undici luglio.

```
          MARZO
        7   14   21   28
   1    8   15   22   29
   2    9   16   23   30
   3   10   17   24   31
   4   11   18   25
   5   12   19   26
   6   13  (20)  27
```

È il venti marzo.

```
         GENNAIO
        4   11   18   25
        5   12   19   26
        6   13   20   27
        7   14   21   28
   1    8   15   22   29
   2    9   16   23   30
   3   10   17   24  (31)
```

È il trentuno gennaio.

Can you fill in the blanks? To express the date use:

Oggi è _____ + _____ + _____.

There is just one exception. **Qual è la data di oggi?**

```
         AGOSTO
  (1)   8   15   22   29
   2    9   16   23   30
   3   10   17   24   31
   4   11   18   25
   5   12   19   26
   6   13   20   27
   7   14   21   28
```

È il primo agosto.

To express the date when speaking about the *first* day of the month use:

Oggi è + _____ + _____ + _____ .

If you want to include the day of the week: **Oggi è lunedì, tre maggio:**

Oggi è + _____ + _____ + _____ .

Note that, when we use the day of the week, we omit **il.**

Attività

N. Express these dates in Italian:

1. April 22 _____

2. August 7 _____

3. February 1 _____

4. July 24 _____

5. January 12 _____

6. Monday, March 30 _____

7. Saturday, December 4 _____

8. Wednesday, June 15 _____

9. Sunday, September 14 _____

10. Thursday, November 16 _____

11. Tuesday, May 13 _____

12. Friday, October 21 _____

O. Give the dates in Italian of these important events:

1. your birthday _____

2. Christmas _____

3. New Year's Day _____

4. Independence Day _____

5. your favorite day of the year _____

CONVERSAZIONE

VOCABOLARIO

ti piace *do you like*
si ritorna a scuola *it's back to school*
andare *to go*
Che fortuna! *What luck!*
al mare *to the ocean*

pranzare *to dine*
non penso *I don't think*
il compleanno *the birthday*
la festa a sorpresa *the surprise party*

DIALOGO

You are the second person in the dialog. Write a response to each dialog line following the directions given:

INFORMAZIONI PERSONALI

1. Qual è la data di oggi? _____

2. Quando è il suo compleanno? _____

3. Quali sono i suoi mesi di vacanza? _____

Ripasso III (Lezioni 9–12)

Lezione 9

The verb **essere** is an irregular verb that means *to be*. Memorize all of its forms:

io	sono	noi	siamo
tu	sei	voi	siete
lui		loro	
lei	} è		} sono
lei		loro	

NOTE: The indefinite article (**un, uno, una, un'**) is omitted with nouns of profession, trade, nationality, or religion after a form of **essere,** unless the noun is accompanied by an adjective:

> **Trapper John è medico.**

But:

> **Trapper John è un medico buono.**

Lezione 10

a. To conjugate an **-IRE** verb, drop **-ire** from the infinitive and add the proper endings:

> Example: **dormire**

If the subject is	io	add **o**	to the remaining stem:	io dorm*o*
	tu	**i**		tu dorm*i*
	lui	**e**		lui dorm*e*
	lei	**e**		lei dorm*e*
	noi	**iamo**		noi dorm*iamo*
	voi	**ite**		voi dorm*ite*
	loro	**ono**		loro dorm*ono*

b. Some **-IRE** verbs have a different ending in some forms. They are called **ISCO** verbs:

> Example: **finire**

io fin*isco*	noi finiamo
tu fin*isci*	voi finite
lui fin*isce*	
lei fin*isce*	loro fin*iscono*
lei fin*isce*	loro fin*iscono*

Other **ISCO** verbs you have learned: **capire, preferire, punire, spedire.**

Lezione 11

a. In Italian, there is a second verb meaning *to be*: **stare**. Forms of **stare** are irregular and must be memorized:

io	sto	noi	stiamo
tu	stai	voi	state
lui		loro	
lei	sta		stanno
lei		loro	

b. **Stare** is used in expressions of health, to express an action in progress or an action about to take place, and in special expressions:

> Sto bene, grazie.
> Sta leggendo il libro.
> Stiamo per partire.
> Stanno zitti.

Lezione 12

I GIORNI	I MESI	LE STAGIONI
lunedì	gennaio	l'inverno
martedì	febbraio	
mercoledì	marzo	
giovedì	aprile	la primavera
venerdì	maggio	
sabato	giugno	
domenica	luglio	l'estate
	agosto	
	settembre	
	ottobre	l'autunno
	novembre	
	dicembre	

Attività

A. Write the Italian word for the English word. Then find the Italian word in the puzzle. The words may be read from left to right, right to left, up or down, or diagonally across:

1. lawyer (f.) _____   5. dentist _____

2. mechanic _____   6. Sunday _____

3. journalist _____   7. March _____

4. nurse (f.) _____   8. Friday _____

9. July   _____

10. May   _____

11. Monday   _____

12. Tuesday   _____

13. month   _____

14. to be   _____

15. to finish   _____

16. to offer   _____

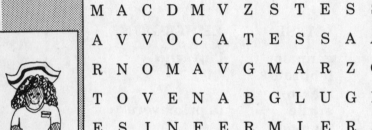

```
E R I R F F O E L U N E D Ì V
M A C D M V Z S T E S S E R E
A V V O C A T E S S A A N U N
R N O M A V G M A R Z O T I E
T O V E N A B G L U G L I O R
E S I N F E R M I E R A S O D
D T F I N I R E M O S F T C Ì
Ì M E C C A N I C O G R A D T
S B A A G I O R N A L I S T A
```

B. Cruciverba. Complete the puzzle with the Italian verb forms indicated:

1. (I) am
2. (I) understand
3. (we) open
4. (you) send
5. (he) punishes
6. (I) finish
7. (they) offer
8. (we) offer
9. (you) sleep

C. Jumble. Unscramble the letters to form words. (Hint: You'll get five of a dozen.) Then unscramble the circled letters to find out what Giorgio asked

Marisa: _____

NEGAONI □ ◻ □ □ □ □ ◻

IRLAPE ◻ □ □ □ □ □

SOTAGO □ □ □ ◻ ◻ □

UGONIG □ ◻ □ □ □ □

CREMDEBI □ □ ◻ □ ◻ □ □ □

D. **Acrostico.** After filling in all the horizontal slots, look at the vertical box to find the mystery word:

1. nurse __ __ __ __ __ __ __ __ __
2. to open __ __ __ __ __ __
3. the first day of the week __ __ __ __ __ __
4. actor __ __ __ __ __ __
5. to understand __ __ __ __ __
6. summer month __ __ __ __ __ __
7. to be __ __ __ __
8. season __ __ __ __ __ __ __
9. soccer __ __ __ __ __ __
10. the last day of the week __ __ __ __ __ __ __ __

E. Picture Story. Can you read this story? Much of it is in picture form. Whenever you come to a picture, read it as if it were an Italian word:

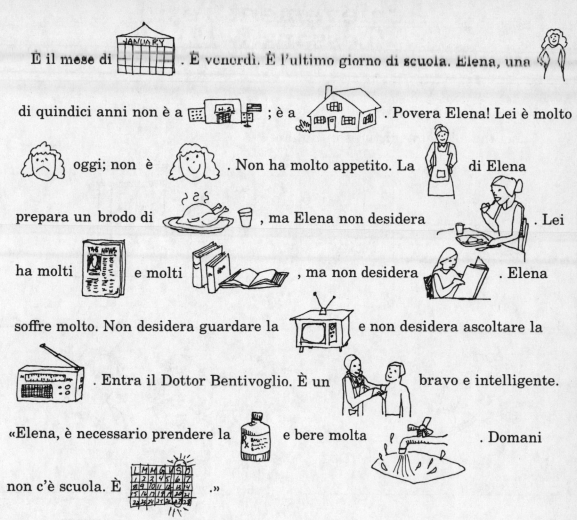

È il mese di [January]. È venerdì. È l'ultimo giorno di scuola. Elena, una [ragazza]

di quindici anni non è a [scuola]; è a [casa]. Povera Elena! Lei è molto

[triste] oggi; non è [felice]. Non ha molto appetito. La [mamma] di Elena

prepara un brodo di [pollo], ma Elena non desidera [mangiare]. Lei

ha molti [giornali] e molti [libri], ma non desidera [leggere]. Elena

soffre molto. Non desidera guardare la [televisione] e non desidera ascoltare la

[radio]. Entra il Dottor Bentivoglio. È un [dottore] bravo e intelligente.

«Elena, è necessario prendere la [medicina] e bere molta [acqua]. Domani

non c'è scuola. È [sabato].»

Achievement Test I
(Lessons 1–12)

1 Vocabulary [10 points]

Label the following pictures in Italian:

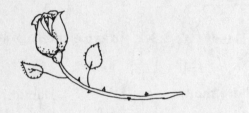

1. _____

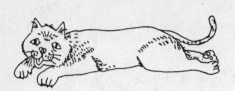

2. _____

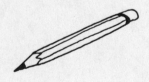

3. _____

4. _____

5. _____

6. _____

7. _____

8. _____

178

9. _____ **10.** _____

2 Vocabulary [5 points]

Vero o falso? If the statement is true, write **vero.** If it is false, write it correctly:

1. La professoressa è nella scuola. _____

2. La tigre è un animale piccolo. _____

3. Il caffè è giallo. _____

4. La segretaria lavora in un ufficio. _____

5. Il gatto beve il fiore. _____

3 Definite articles (**il, lo, la, l', i, gli, le**) and indefinite articles (**un, uno, una, un'**) [10 points]

1. (the) _____ porta

2. (the) _____ finestre

3. (the) _____ studenti

4. (the) _____ professori

5. (the) _____ anno

6. (a) _____ madre

7. (a) _____ alunna

8. (the) _____ zio

9. (a) _____ albero

10. (a) _____ studio

4 Verbs [15 points]

Complete each sentence with the correct form of the Italian verb:

1. (parlare)   Io _____ italiano.

2. (vedere)   Noi _____ gli studenti.

3. (aprire) Loro _____ i libri.

4. (cantare) Tu _____ molto bene.

5. (finire) L'alunno _____ i compiti.

6. (rispondere) Luigi _____ alle domande.

7. (lavorare) La ragazza _____ in un ufficio.

8. (capire) Noi _____ le parole.

9. (mangiare) Voi _____ la pasta.

10. (scrivere) Noi _____ una composizione.

11. (leggere) Tu e Marco _____ il giornale italiano.

12. (vendere) Loro _____ molte cose.

13. (comprare) Lisa _____ una bicicletta nuova.

14. (ricevere) Io _____ lettere.

15. (dormire) Il ragazzo _____ molto.

5 Negative sentences [5 points]

Make the following sentences negative:

1. La professoressa lavora molto.

_____

2. Le automobili passano spesso.

_____

3. Tu rispondi bene.

_____

4. Noi leggiamo la composizione.

_____

5. Voi ascoltate la lezione.

_____

6 Questions [5 points]

Change the statements to questions:

1. Lei parla italiano.

   _____

2. Noi cantiamo bene.

   _____

3. Tu mangi molto.

   _____

4. La signora lavora.

   _____

5. Gli studenti studiano.

   _____

7 **Essere** and **stare** [10 points]

Complete the sentences with the correct forms of **essere** or **stare**:

1. Come _____ lei?

2. Io _____ italiano.

3. Loro _____ leggendo il giornale.

4. Il ragazzo _____ alto.

5. Tu _____ dentista.

6. Noi _____ per partire.

7. Voi _____ intelligenti.

8. Gli studenti non _____ zitti.

9. Mio fratello _____ agente di polizia.

10. Io _____ vendendo la mia bicicletta vecchia.

8 Numbers [10 points]

Complete each sentence by writing out the correct Italian number:

1. Due più due fa _____ .

2. Nove più dieci fa _____ .

3. Sei più due fa _____ .

4. Tre per cinque fa _____ .

5. Dieci meno cinque fa _____ .

6. Diciotto diviso due fa _____ .

7. Quattro per quattro fa _____ .

8. Trenta meno tredici fa _____ .

9. Quindici più cinque fa _____ .

10. Sette per due fa _____ .

9 Adjectives [10 points]

Write the correct form of the Italian adjective:

1. (the red car)   la macchina _____

2. (the white milk)   il latte _____

3. (the blue sky)   il cielo _____

4. (the yellow leaves)   le foglie _____

5. (the old man)   l'uomo _____

6. (the pretty girls)   le ragazze _____

7. (the rich woman)   la donna _____

8. (the American flag)   la bandiera _____

9. (the large houses)   le case _____

10. (the ugly gentlemen)   i signori _____

10 Days and months [10 points]

Complete the sentences:

1. Se oggi è martedì, domani è _____ .

2. La fine della settimana è il _____ e la domenica.

3. Il primo giorno di lavoro è _____ .

4. Ci sono _____ giorni in una settimana.

5. Il primo mese dell'anno è _____ .

6. L'ultimo mese dell'anno è _____ .

7. Ci sono ventotto giorni nel mese di _____ .

8. Ci sono trenta giorni in settembre, aprile, giugno e _____ .

9. Non ci sono lezioni nei mesi di _____ e _____ .

10. Ci sono _____ mesi in un anno.

11 Reading comprehension [5 points]

Read the following passage and then circle the expression that best completes each statement:

Carlo vive a Roma. In casa lui parla italiano. Il padre di Carlo è dottore. La madre di Carlo lavora in una scuola grande e moderna. Carlo frequenta una scuola piccola. Nella sua classe ci sono molti studenti e una professoressa eccellente. Ci sono anche matite, penne, libri e quaderni. Carlo lavora molto in classe.

1. Carlo vive

   (a) in Francia (b) in Germania (c) in Italia (d) in Russia

2. Il padre di Carlo è

   (a) meccanico (b) medico (c) professore (d) dentista

3. La madre di Carlo è

   (a) agente di polizia (b) dottoressa (c) professoressa (d) postina

4. Carlo è

   (a) alunno (b) segretario (c) ragazza (d) paziente

5. La professoressa di Carlo è

   (a) grassa (b) giovane (c) brava (d) cattiva

12 Slot completion [5 points]

Underline the expression that best completes the sentence:

C'è una festa in casa di Maria. È una festa
(__1__). Paolo è un ragazzo molto (__2__). Lui
(__3__) al calcio a scuola. Paolo adora Maria
perchè lei è popolare. Maria (__4__) con
Paolo perchè lui (__5__) parlare italiano.

1. (a) snella
   (b) fantastica
   (c) verde
   (d) stupido
2. (a) forte
   (b) rosso
   (c) elegante
   (d) brutto
3. (a) comincia
   (b) mangia
   (c) gioca
   (d) aiuta
4. (a) lavora
   (b) balla
   (c) guarda
   (d) trova
5. (a) punisce
   (b) preferisce
   (c) finisce
   (d) spedisce

Quarta Parte

The Verb **avere;** Expressions with **avere**

1 IL MOSTRO

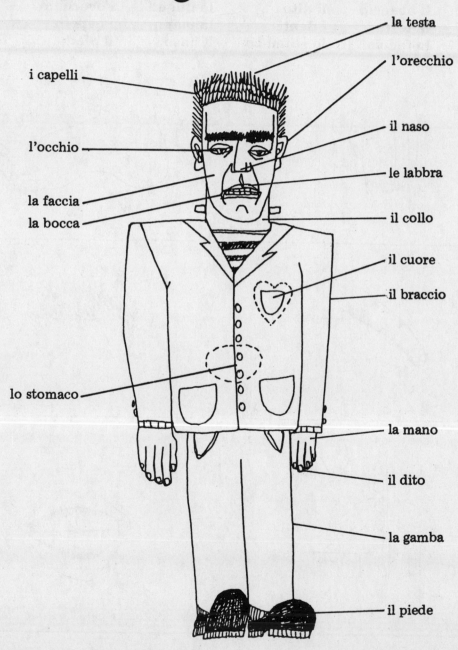

la testa

l'orecchio

i capelli

il naso

le labbra

l'occhio

la faccia

la bocca

il collo

il cuore

il braccio

lo stomaco

la mano

il dito

la gamba

il piede

Observe these irregular plurals:

il braccio	le braccia
il dito	le dita
il labbro	le labbra
la mano	le mani

Attività

A. This monster may look weird, but the parts of his body are the same as yours and mine. Study them and then match the Italian words with the pictures. (Here is one more part we did not show: **la lingua** *the tongue*):

la bocca	il cuore	le labbra	gli occhi
il braccio	il dito	la lingua	l'orecchio
la testa	i denti	la mano	i capelli
la faccia	lo stomaco	il naso	il piede

1. _____

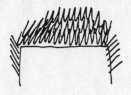

4. _____

2. _____

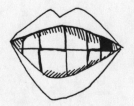

5. _____

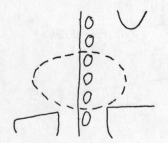

3. _____

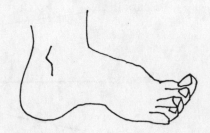

6. _____

7. _____

12. _____

8. _____

13. _____

9. _____

14. _____

10. _____

15. _____

11. _____

16. _____

B. Every part of the body can do something. Now match the part of the body with the action it can perform. Sometimes more than one part of the body will be appropriate. Write the matching letters in the space provided:

1. i denti _____

2. la lingua _____

3. le mani _____

4. gli occhi _____

5. la bocca _____

6. le braccia _____

7. i piedi _____

8. le gambe _____

9. gli orecchi _____

10. le labbra _____

a. parlare
b. cantare
c. ballare
d. studiare
e. ascoltare
f. domandare
g. leggere
h. aprire
i. vedere
j. guardare
k. imparare
l. lavorare
m. correre
n. scrivere
o. mangiare
p. rispondere

2 Now that you are an expert on the parts of the body, you are ready to read the amazing story of Dottor Franco Francopietra and the horrible monster he created! But before we begin, you must learn a new irregular verb to be able to understand the story:

avere	*to have*
io **ho**	*I have*
tu **hai**	*you have*
lui **ha**	*he has*
lei **ha**	*she has*
lei **ha**	*you have*
noi **abbiamo**	*we have*
voi **avete**	*you have*
loro **hanno**	*they have*
loro **hanno**	*you have*

Do you see why the verb **avere** is irregular? Remember: **Avere** is a special verb because it is one of a kind. No other Italian verb is conjugated like **avere.**

3   Now on with our story about Dr. Francopietra and the creation of a monster:

LUOGO: Il laboratorio di uno scienziato pazzo, il Dottor Francopietra.

PERSONAGGI: Il Dottor Franco Francopietra; Iago, l'assistente; il mostro, una combinazione di tante parti di corpi diversi.

il **luogo** *the place*
  lo **scienziato** *the scientist*
pazzo *mad*

tante *several, many*

IL DR. FRANCOPIETRA: Questa notte voglio creare una vita nuova, una creatura orribile.

IAGO: Sì, maestro ... ma io ho paura!

IL DR. F.: Prima ho bisogno di un corpo. Dov'è il corpo, Iago? Abbiamo un corpo?

IAGO: Eccolo ... Eccolo qui un corpo! Un corpo vecchio e brutto.

IL DR. F.: Va bene ... va bene. Ma ora ho bisogno di due braccia, Iago.

voglio *I want*
creare *to create*
  una **vita** *a life*
maestro *master*
ho bisogno di *I need*

eccolo *here (it) is*

ora *now*

IAGO: Eccole ... Eccole qui, maestro! Abbiamo due braccia lunghe e pelose.

IL DR. F.: Va bene ... va bene. E le mani? Dove sono le mani?

IAGO: Eccole ... Eccole qui due mani, maestro! Una mano d'uomo e l'altra di gorilla.

IL DR. F.: Quante dita hanno le mani?

IAGO: Dieci dita, maestro.

eccole *here they are*
peloso *hairy*

IL Dr. F.: Perfetto!

IAGO: Sette dita in una mano e tre nell'altra.

IL Dr. F.: Non importa. E i piedi? Mancano i piedi! Dove sono i piedi?

non importa *it doesn't matter*
mancano *are missing*

IAGO: Eccoli ... Eccoli qui, maestro! Un piede grande ed uno piccolo.

IL Dr. F.: Va bene ... va bene. Il mostro non deve ballare. Ma non ha la testa! Dov'è la testa?

IAGO: Eccola ... Eccola qui, maestro! Ma è una testa piccola e con una faccia stupida.

IL Dr. F.: Magnifico! E adesso ... la corrente elettrica per dare vita al mostro.

la corrente *the current*
dare *give*

BZZZZZZZZZZZZZZZZZ

IAGO: Guardi! Il mostro è vivo! Il mostro vuole parlare!

vivo *alive*
vuole *wants*

MOSTRO: Io parlo, tu parli, lui parla ...

IL Dr. F.: Ma che mostro! È un professore d'italiano. È (*Fill in someone's name, someone who won't get too angry with you.*)

Attività

C. **Sì o no?** If the statement is true, write **vero.** If it is false, write **falso** and correct the statement:

1. Il Dottor Francopietra è pazzo.

   _____

2. Il mostro ha il corpo di un giovane.

   _____

3. Il mostro non ha le braccia.

   _____

4. Ogni mano ha cinque dita.

   _____

5. Il mostro ha bisogno dei piedi per ballare.

   _____

6. La testa ha una faccia intelligente.

   _____

7. Il dottore usa l'elettricità per dare vita al mostro.

   _____

8. Il mostro vuole ballare.

   _____

9. Il dottore lavora solo.

   _____

10. Il mostro parla italiano.

    _____

D. Fill in the Italian names for the labeled parts of the body:

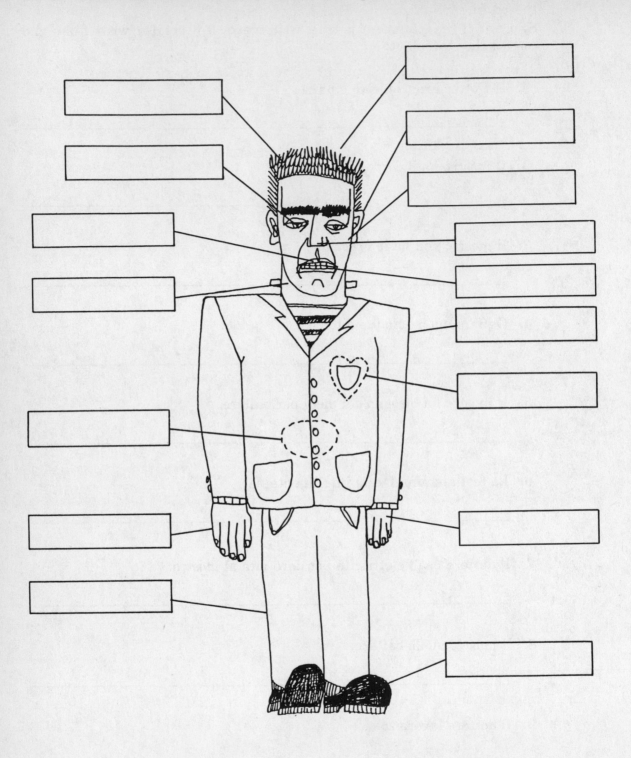

E. Here are some sentences in which forms of **avere** are used. Can you match these sentences with the pictures they describe?

Io ho due teste.
Noi abbiamo dieci dita.
Loro hanno i capelli lunghi.

Tu hai un cuore grande.
Lui ha gli occhi piccoli.
Voi avete le gambe corte.

1. _____

4. _____

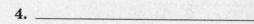

2. _____

5. _____

3. _____

6. _____

F. Complete with the correct forms of **avere:**

1. Noi _____ i libri d'italiano.

2. Le ragazze _____ le lezioni difficili.

3. Voi _____ molte penne.

4. Io _____ uno zio ricco.

5. La signora _____ molti figli.

6. Loro _____ un professore intelligente.

7. Maria ed io _____ i capelli corti.

8. Lui _____ i piedi piccoli.

9. Tu e Piero _____ un'automobile nuova.

10. Tu _____ una casa bella.

G. Change all the sentences in Attività F to questions:

1. _____

2. _____

3. _____

4. _____

5. _____

6. _____

7. _____

8. _____

9. _____

10. _____

4 There are some very common expressions in Italian with the verb **avere.** The comparable English expressions use the verb "to be":

avere	caldo	*to be*	*hot* (= *to feel hot*)
avere	freddo	*to be*	*cold*
avere	fame	*to be*	*hungry*
avere	paura	*to be*	*afraid*
avere	sete	*to be*	*thirsty*
avere	sonno	*to be*	*sleepy*
avere	___ anni	*to be*	___ *years old*
avere	ragione	*to be*	*right*
avere	torto	*to be*	*wrong*
avere	bisogno di	*to need*	

Examples: **Io ho fame.**   *I am hungry.*
          Antonio ha sete.   *Antonio is thirsty.*

NOTE: These expressions are used only if the subject is a person. For objects or liquids, use the verb **essere.** Compare:

Il ragazzo *ha* caldo.   *The boy is (feels) warm.*

But:

Il caffè *è* caldo.   *The coffee is warm.*

Attività

H. Match the Italian expressions with their English meanings. Write the matching letter in the space provided:

1. Noi abbiamo fame. _____
2. Lei ha sete. _____
3. Io ho freddo. _____
4. Tu hai ragione. _____
5. Loro hanno sonno. _____
6. La zia ha paura. _____
7. I bambini hanno tre anni. _____
8. Hai fame? _____
9. Voi avete torto. _____
10. Quanti anni ha l'alunno? _____

a. Are you hungry?
b. How old is the student?
c. You are wrong.
d. She is thirsty.
e. The children are three years old.
f. You are right.
g. The aunt is afraid.
h. I am cold.
i. They are sleepy.
j. We are hungry.

I. Underline the English expression that is equivalent to the Italian expression:

1. Voi avete molta sete.
   (a) You are very hungry.   (b) You are very thirsty.   (c) We are very thirsty.   (d) You are sleepy.

2. Loro hanno torto.
   (a) He is not wrong.   (b) You are cold.   (c) You are wrong.   (d) He is right.

3. Io ho sonno.
   (a) I'm sleepy.   (b) He is thirsty.   (c) I'm thirsty.   (d) I'm right.

4. Giovanni ha vent'anni.
   (a) John is 20 years old.   (b) John has 20 dollars.   (c) John has 20 friends.   (d) Is John 20 years old?

5. Noi abbiamo paura.
   (a) We are cold.   (b) We are poor.   (c) We are sleepy.   (d) We are afraid.

J. Label the following pictures:

Il bambino ha un anno.   Quanti anni ha lei?
Loro hanno fame.   Ha freddo lei?
L'uomo ha sete.   Ha fame lei?
Io ho caldo.   Lui non ha freddo.

1. _____   2. _____

198   *Lezione 13*

3. _____

6. _____

4. _____

7. _____

5. _____

8. _____

K. Write in Italian:

1. We are hungry.   _____

2. He's sleepy.   _____

3. You (singular) are right. _____

4. We are thirsty.   _____

5. They are hot.   _____

CONVERSAZIONE

VOCABOLARIO

Che cosa hai? *What's the matter with you?*
avere mal di *to have a pain in, to have a(n) ache*

la gola *the throat*
l'influenza *the flu*
Non credo. *I don't think so.*
e allora *well then*

INFORMAZIONI PERSONALI

1. Quanti anni ha?

   _____

2. Ha fame?

   _____

3. Ha sempre ragione?

   _____

4. In che stagione ha bisogno di un ombrello?

   _____

MOSTRO PERSONALE

Draw your own monster or robot creation and label the parts of its body. Then write three sentences describing it:

1. _____

2. _____

3. _____

DIALOGO

Identify yourself with the person in each picture as you answer the question **Che cosa hai?**

1. _____

2. _____

3. _____

4. _____

5. _____

Che ora è? Che ore sono?

Telling Time in Italian

1 In this lesson, you will learn how to tell time. First, review the numbers from 1 to 30 on page 79.

Attività

A. Match each item in the left column with the correct numeral in the right column. Write the matching number in the space provided:

1. quindici	_____	7
2. tre	_____	16
3. venti	_____	13
4. sedici	_____	5
5. due	_____	3
6. cinque	_____	2
7. quattordici	_____	15
8. nove	_____	9
9. tredici	_____	4
10. sei	_____	6
11. quattro	_____	14
12. sette	_____	20

B. Write these numbers in Italian:

1. 21 _____

2. 14 _____

3. 30 _____

4. 7 _____

5. 16 _____

6. 18 _____

7. 12 _____

8. 29 _____

9. 15 _____

10. 11 _____

2 Che ora è? Che ore sono?

È l'una.

Sono le due.

Sono le tre.

Sono le quattro.

Sono le cinque.

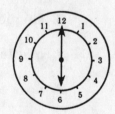

Sono le sei.

Now see if you can do the rest:

`7:00` _____

`8:00` _____

`9:00` _____

_____

11:00 _____

12:00 _____

Note that "It's 12:00 noon" can also be **È mezzogiorno,** and "It's 12:00 midnight" can also be **È mezzanotte.**

3 When telling time in Italian, how do you express "it is" when it's one o'clock? _____ Which form of the Italian word for "one" do you use? _____ Which form of the definite article do you use before the number? _____ Do you express "o'clock" in Italian? _____

How do you express "it is" when it's two o'clock, three o'clock, and on to twelve o'clock? _____ Which form of the definite article is used before these numbers? _____ How do you express "noon"? _____ "midnight"? _____ For "noon" and "midnight," what word do you leave out? _____

4 Now study these:

È l'una e cinque.

È l'una meno cinque.

Sono le due e cinque.

Sono le due meno cinque.

Sono le tre e cinque.

Sono le tre meno cinque.

Sono le quattro e cinque.

Sono le quattro meno cinque.

Continue writing these times:

5:05	_____
6:05	_____
7:05	_____
8:05	_____
9:05	_____
4:55	_____
5:55	_____
6:55	_____
7:55	_____

5   How smart are you? How would you say:

7:10   _____

8:10   _____

10:20   _____

11:20   _____

12:20   _____

1:20   _____

2:25   _____

3:25   _____

6:50   _____

7:50   _____

8:50   _____

9:40   _____

10:40   _____

11:40   _____

1:35   _____

2:35   _____

How do you express time after the hour? _____

Which word is used to express time before the hour? _____

How would you say:

  _____

  _____

  _____

6:57 _____

7:42 _____

8:39 _____

Let's summarize:

a. To express the minutes after the hour up to the half-hour, we add **e** plus the number of minutes: **Sono le due e venti.** = *It's 2:20.*

b. To express the minutes from the half hour to the next hour, we add **meno** plus the number of minutes to complete the hour: **Sono le due meno venti.** = *It's 1:40 (twenty before two [o'clock]).*

6 Now study these:

È l'una e un quarto.

È l'una meno un quarto.

Sono le due e un quarto.

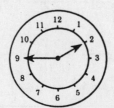

Sono le due meno un quarto.

Sono le tre e un quarto.

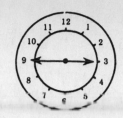

Sono le tre meno un quarto.

Sono le quattro e un quarto.

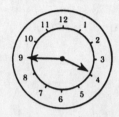

Sono le quattro meno un quarto.

How would you express:

5:15 _____

6:15 _____

7:15 _____

8:15 _____

4:45 _____

5:45 _____

6:45 _____

7:45 _____

What is the special word for "quarter"? _____

What words do you add for "a quarter after"? _____

What words do you add for "a quarter before"? _____

Let's summarize:

a. To express "a quarter after" the hour, we add **e un quarto: Sono le due e un quarto.** = *It's a quarter past two.*

b. To express "a quarter before" the hour, we add **meno un quarto** to the next hour: **Sono le due meno un quarto.** = *It's a quarter before two.*

7 Now study these:

È l'una e mezzo.

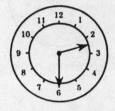

Sono le due e mezzo.

Sono le tre e mezzo.

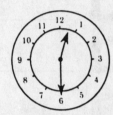

È mezzogiorno e mezzo.
È mezzanotte e mezzo.

How would you say:

 _____

 _____

6:30 _____

7:30 _____

What is the special word for "half past"? _____

Which words do you add for "half past the hour"? _____

Attività

C. Write out these times in numbers:

Example: **Sono le due e mezzo.**   **2:30**

1. Sono le nove meno un quarto. _____

2. Sono le sei e mezzo. _____

3. Sono le quattro e dieci. _____

4. Sono le tre meno cinque. _____

5. È mezzogiorno e un quarto. _____

6. Sono le due e venti. _____

7. Sono le dieci meno dieci. _____

8. Sono le undici meno venti. _____

9. Sono le otto e cinque. _____

10. È l'una meno venticinque. _____

D. Write these times in Italian:

1. `10:20` _____

2. `7:55` _____

3. `11:30` _____

4. `6:45` _____

5. `4:35` _____

6. `8:25` _____

7. `12:50` _____

8. `2:40` _____

9. _____

10. _____

E. Here are some clocks. What time does each one show?

1. _____

2. _____

3. _____

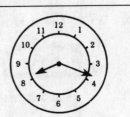

4. _____

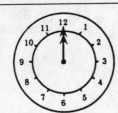

5. _____

6. _____

7. _____

8. _____

9. _____

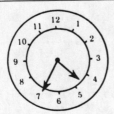

10.

F. Here are some broken clocks. Each one has the minute hand missing. See if you can replace it according to the correct time:

1. Sono le due.

6. Sono le cinque meno dieci.

2. Sono le quattro e mezzo.

7. È l'una e un quarto.

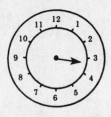

3. Sono le tre e un quarto.

8. Sono le sei meno venticinque.

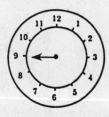

4. Sono le nove e undici.

9. È mezzogiorno.

5. Sono le undici e cinque.

10. È mezzanotte.

Che ora è? Che ore sono?   213

8   One more detail, and you'll be able to tell any time in Italian:

A.M. or "in the morning" is **di mattina.**

P.M. or "in the afternoon" is **del pomeriggio.**

P.M. or "in the evening" is **di sera.**

P.M. or "at night" is **di notte.**

Some examples:

Sono le due *di mattina.*	*It's 2:00 A.M.*
Sono le due *del pomeriggio.*	*It's 2:00 P.M.*
Sono le nove e un quarto *di sera.*	*It's 9:15 P.M.*
Sono le undici *di notte.*	*It's 11:00 P.M.*

Attività

G.   Here are some daily activities. Tell at what time they occur:

    a. È l'una e mezzo del pomeriggio.
    b. Sono le sette di mattina.
    c. Sono le tre.

1. _____

    a. Sono le nove e mezzo di sera.
    b. Sono le quattro.
    c. Sono le sette e mezzo di mattina.

2. _____

a. Sono le otto e dieci.
b. Sono le undici di notte.
c. È l'una e un quarto.

3. _____

a. Sono le sette.
b. Sono le due del pomeriggio.
c. È mezzogiorno.

4. _____

a. Sono le tre del pomeriggio.
b. Sono le undici e mezzo di mattina.
c. Sono le due meno venti.

5. _____

a. Sono le otto di mattina.
b. Sono le cinque e mezzo del pomeriggio.
c. Sono le dieci.

6. _____

a. Sono le due e mezzo.
b. Sono le cinque e cinque.
c. Sono le otto meno cinque di sera.

7. _____

a. Sono le sei di sera.
b. Sono le dieci meno dieci.
c. È l'una di notte.

8. _____

a. Sono le quattro meno dieci.
b. Sono le sette di sera.
c. Sono le dieci e un quarto.

9. _____

a. È mezzanotte.
b. Sono le dieci meno cinque.
c. Sono le nove e mezzo di mattina.

10. _____

H. Write out the times in Italian:

1. 10:20 A.M. _____

2. 7:55 P.M. _____

3. 11:30 P.M. _____

4. 6:45 A.M. _____

5. 4:35 P.M. _____

6. 8:25 A.M. _____

7. 12:50 P.M. _____

8. 12:40 A.M. _____

9. 9:16 P.M. _____

10. 3:42 P.M. _____

NOTES: 1. Italians use the twenty-four-hour clock for official time (transportation schedules, store hours, radio and television programs, public announcements):

Il treno parte alle 13:00 (tredici).   *The train leaves at 1:00 P.M.*

L'ultimo spettacolo comincia alle 23:30 (ventitrè e trenta).   *The last show begins at 11:30 P.M.*

2. If you want to express "at" a certain time, use **alle** before the time:

alle nove   *at nine o'clock*

How would you say "at one o'clock"? _____
If you wrote **all'una,** you are correct.

Attività

I. Write out these times in official Italian time:

1. at 8:45 P.M. _____

2. at 1:00 P.M. _____

3. at 9:15 P.M. _____

4. at 7:00 A.M. _____

5. at 7:00 P.M. _____

9   Now read the conversation and answer the questions about it:

STEFANO: Mamma, che ora è?

LA MAMMA: Non ascolti la radio? Sono le nove e mezzo.

STEFANO: Le nove e mezzo? È impossibile! Secondo il mio orologio sono appena le otto e dieci.

LA MAMMA: Il tuo orologio non va bene. Hai bisogno di un altro orologio. Perchè non compri un orologio nuovo?

STEFANO: Sì, sì. Ma è tardi, e oggi alle nove c'è un esame d'inglese in classe.

LA MAMMA: C'è un esame oggi? Ma oggi è sabato. Non c'è scuola.

STEFANO: È sabato oggi? Che sorpresa! Sì, è sabato. Meno male!

secondo *according to*
l'orologio *the watch*
appena *only*
non va bene *doesn't work*

meno male! *what luck!*

Attività

J. Rispondete:

1. Con chi parla la mamma?

   _____

2. Secondo la radio, che ora è?

   _____

3. Secondo l'orologio di Stefano, che ora è?

   _____

4. Che esame c'è oggi alle nove?

   _____

5. Perchè non c'è scuola oggi?

_____

6. Come è Stefano adesso?

_____

K. Underline the most likely answer to the question **A che ora?**

1. Lisa va a scuola
   a. alle otto di mattina.
   b. alle tre del pomeriggio.
   c. a mezzogiorno.

2. La famiglia mangia
   a. alle otto di sera.
   b. alle dieci di mattina.
   c. alle quattro del pomeriggio.

3. Gli alunni entrano nella mensa
   (_cafeteria_)
   a. all'una di notte.
   b. alle tre del pomeriggio.
   c. a mezzogiorno.

4. Oggi il sole tramonta (_sets_)
   a. alle cinque di mattina.
   b. alle cinque e mezzo del
      pomeriggio.
   c. a mezzanotte.

CONVERSAZIONE

VOCABOLARIO

Accidenti! *Gosh!*
domani *tomorrow*
fantascienza *science fiction*

Come si intitola? *What's it called?*
il drago *the dragon*
anch'io *I too*

DIALOGO

Complete the dialog with words chosen from the following list:

come	sorpresa	un programma
le quattro e un quarto	televisione	guardare
quale	un film	ore

INFORMAZIONI PERSONALI

Answer the following questions about your daily activities:

Example: **A che ora mangia?   Io mangio alle sette.**

1. **A che ora arriva a scuola?**

   _____

2. **A che ora comincia la lezione d'italiano?**

   _____

3. **A che ora finiscono le lezioni?**

   _____

4. **A che ora ascolta la musica?**

   _____

5. **A che ora prepara la lezione?**

   _____

6. **A che ora guarda la televisione?**

   _____

Possessive Adjectives

1   Look at the pictures and try to guess the meanings of the new words:

la casa

il palazzo

la cucina

l'appartamento

la sala da pranzo

il salotto

la camera da letto

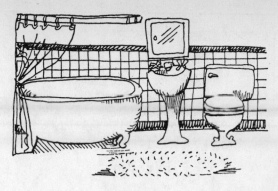

il bagno

la poltrona

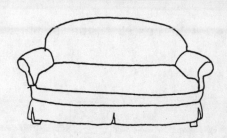

il divano

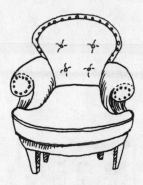

lo specchio

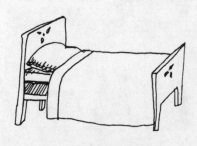

il letto

l'armadio

il piano

la radio

le fotografie

Attività

A. Che cos'è? Name the objects. Use definite articles:

1. _____

3. _____

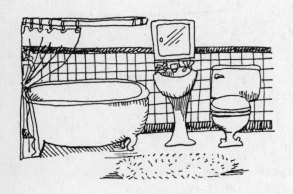

2. _____

4. _____

5. _____

9. _____

6. _____

10. _____

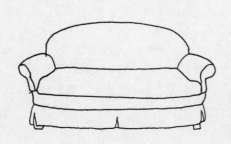

7. _____

11. _____

8. _____

12. _____

B. Complete the sentences:

1. Io abito in una _____.

2. La mamma prepara i pasti (*meals*) in _____.

3. Noi mangiamo in _____.

4. Io guardo la televisione in _____.

5. Nella mia camera da letto c'è _____.

6. Nel bagno c'è _____.

2 In this lesson, you are going to learn how to say that something belongs to some-one. You will learn about possession and possessive adjectives. Pay special attention to each group of sentences:

I	II
È *il* letto.	È *il mio* letto.
È *il* divano.	È *il mio* divano.
È *lo* specchio.	È *il mio* specchio.
È *l'*appartamento.	È *il mio* appartamento.
È *l'*armadio.	È *il mio* armadio.

Look at the nouns in the first group of sentences. Underline them.

Are they masculine or feminine? _____

Singular or plural? _____

How do you know? _____

Now look at Group II. Which words have replaced **il, lo, l'** from Group I?

_____

What does **il mio** mean? _____

Before what kinds of nouns is **il mio** used? _____

3

I	II
È *la* casa.	È *la mia* casa.
È *la* cucina.	È *la mia* cucina.
È *l'*amica.	È *la mia* amica.
È *l'*enciclopedia.	È *la mia* enciclopedia.

Look at the nouns in the first group of sentences. Underline them.

Are they masculine or feminine? _____

Singular or plural? _____

How do you know? _____

Now look at Group II. Which words have replaced **la** and **l'** from Group I?

_____

What does **la mia** mean? _____

Before what kinds of nouns is **la mia** used? _____

4

I	II
Sono *i* libri.	Sono *i miei* libri.
Sono *i* dischi.	Sono *i miei* dischi.
Sono *gli* amici.	Sono *i miei* amici.
Sono *gli* zii.	Sono *i miei* zii.

Look at the nouns in Group I. Underline them.

Are they masculine or feminine? _____

Singular or plural? _____

Now look at Group II. Which words have replaced **i** and **gli** from Group I?

_____

What does **i miei** mean? _____

Before what kinds of nouns is **i miei** used? _____

5

I	II
Sono *le* fotografie.	Sono *le mie* fotografie.
Sono *le* amiche.	Sono *le mie* amiche.
Sono *le* penne.	Sono *le mie* penne.

Look at the nouns in the first group of sentences. Underline them.

Are they masculine or feminine? _____

Singular or plural? _____

How do you know? _____

Now look at Group II. Which words have replaced **le** from Group I? _____

What does **le mie** mean? _____

Before what kinds of nouns is **le mie** used? _____

6 How many ways are there to say MY? _____

When do you use **il mio**? _____

la mia? _____

i miei? _____

le mie? _____

Attività

C. Fill in **il mio, la mia, i miei,** or **le mie:**

1. _____ casa
2. _____ libri
3. _____ amiche
4. _____ banco
5. _____ scuola
6. _____ amici
7. _____ ragazze
8. _____ palazzo
9. _____ appartamento
10. _____ dischi

7 See if you can apply the rules to other possessive adjectives:

I	II
È *il* letto.	È *il tuo* letto.
È *l'*appartmento.	È *il tuo* appartamento.
È *la* casa.	È *la tua* casa.
È *l'*amica.	È *la tua* amica
Sono *i* libri.	Sono *i tuoi* libri.
Sono *gli* amici.	Sono *i tuoi* amici.
Sono *le* fotografie.	Sono *le tue* fotografie.
Sono *le* amiche.	Sono *le tue* amiche.

Which subject pronoun do **il tuo, la tua, i tuoi,** and **le tue** bring to mind?

_____

What do **il tuo, la tua, i tuoi,** and **le tue** mean? _____

When do you use **il tuo?** _____

       la tua? _____

       i tuoi? _____

       le tue? _____

When you use **il tuo, la tua, i tuoi,** and **le tue,** are you being familiar or formal?

_____

Attività

D. Fill in the correct form of **il tuo, la tua, i tuoi,** or **le tue:**

1. _____ bocca   6. _____ capelli

2. _____ denti   7. _____ matite

3. _____ corpo   8. _____ occhi

4. _____ naso   9. _____ professoressa

5. _____ piedi   10. _____ professore

8 Keeping in mind the rules you have learned, look at the next group of possessive adjectives:

I	II
È *il libro di Paolo.*	È *il suo libro.*
È *il libro di Maria.*	È *il suo libro.*
È *l'appartamento di Paolo.*	È *il suo appartamento.*
È *l'appartamento di Maria.*	È *il suo appartamento.*
È *lo specchio di Paolo.*	È *il suo specchio.*
È *lo specchio di Maria.*	È *il suo specchio.*
È *la camera di Paolo.*	È *la sua camera.*
È *la camera di Maria.*	È *la sua camera.*
È *l'amica di Paolo.*	È *la sua amica.*
È *l'amica di Maria.*	È *la sua amica.*
Sono *i libri di Paolo.*	Sono *i suoi libri.*
Sono *i libri di Maria.*	Sono *i suoi libri.*
Sono *gli zii di Paolo.*	Sono *i suoi zii.*
Sono *gli zii di Maria.*	Sono *i suoi zii.*
Sono *le fotografie di Paolo.*	Sono *le sue fotografie.*
Sono *le fotografie di Maria.*	Sono *le sue fotografie.*

When do you use **il suo?** _____

la sua? _____

i suoi? _____

le sue? _____

Il suo, la sua, i suoi, and **le sue** have two meanings. What are they?

_____

Do the possessive adjectives **il suo, la sua, i suoi,** and **le sue** agree with the possessor or with the thing he or she possesses?

_____

Attività

E. Fill in the correct form of **il suo, la sua, i suoi,** or **le sue:**

1. _____ classe

2. _____ quaderni

3. _____ piedi

4. _____ ragazza

5. _____ ragazzo

6. _____ cane

7. _____ automobili

8. _____ penna

9. _____ matite

10. _____ amici

F. Choose the correct possessive adjective:

1. (il mio, la mia, le mie) _____ famiglia

2. (il tuo, la tua, i tuoi) _____ specchio

3. (il suo, la sua, le sue) _____ quaderno

4. (il mio, la mia, i miei) _____ libri

5. (il tuo, la tua, i tuoi) _____ letto

6. (il suo, la sua, le sue) _____ camera

7. (il mio, la mia, i miei) _____ professori

8. (il tuo, la tua, le tue) _____ scuola

9. (il suo, la sua, i suoi) _____ studio

10. (il mio, la mia, le mie) _____ casa

11. (il tuo, i tuoi, le tue) _____ compiti

12. (il suo, la sua, le sue) _____ amiche

9 Compare these groups of sentences. You are speaking to your teacher:

I	II
Lei ha un libro.	È *il suo* libro.
Lei ha una penna.	È *la sua* penna.
Lei ha due gatti.	Sono *i suoi* gatti.
Lei ha tre alunne.	Sono *le sue* alunne.

What do **il suo, la sua, i suoi, le sue** in Group II mean? _____

When you use **il suo, la sua, i suoi, le sue** here, are you being familiar or

formal? _____

When do you use **il suo?** _____

    la sua? _____

    i suoi? _____

    le sue? _____

Attività

G. Express in Italian:

1. his house _____

2. her watch _____

3. my legs _____

4. her eyes _____

5. my books _____

6. your (familiar singular) face _____

7. her room _____

8. your (formal singular) dog _____

9. my friends _____

10. your (familiar singular) nose _____

10 Let's learn some more about the possessive:

I	II
È *il* letto.	È *il nostro* letto.
È *l'*appartamento.	È *il nostro* appartamento.
È *lo* specchio.	È *il nostro* specchio.
È *la* cucina.	È *la nostra* cucina.
È *l'*amica.	È *la nostra* amica.
Sono *i* libri.	Sono *i nostri* libri.
Sono *gli* studenti.	Sono *i nostri* studenti.
Sono *le* ragazze.	Sono *le nostre* ragazze.

Which subject pronoun do **il nostro, la nostra, i nostri,** and **le nostre** bring to

mind? _____

What do **il nostro, la nostra, i nostri,** and **le nostre** mean? _____

When do you use **il nostro?** _____

    la nostra? _____

    i nostri? _____

    le nostre? _____

11

I	II
È *il* letto.	È *il vostro* letto.
È *l'*appartamento.	È *il vostro* appartamento.
È *lo* specchio.	È *il vostro* specchio.
È *la* cucina.	È *la vostra* cucina.
È *l'*amica.	È *la vostra* amica.
Sono *i* libri.	Sono *i vostri* libri.
Sono *gli* studenti.	Sono *i vostri* studenti.
Sono *le* ragazze.	Sono *le vostre* ragazze.

Which subject pronoun do **il vostro, la vostra, i vostri,** and **le vostre** bring

to mind? _____

What do **il vostro, la vostra, i vostri,** and **le vostre** mean? _____

When you use **il vostro, la vostra, i vostri,** and **le vostre,** are you being

familiar or formal? _____

When do we use **il vostro?** _____

    la vostra? _____

12

I	II
È *il* letto.	È *il loro* letto.
È *l'*appartamento.	È *il loro* appartamento.
È *lo* specchio.	È *il loro* specchio.
È *la* cucina.	È *la loro* cucina.
È *l'*amica.	È *la loro* amica.
Sono *i* libri.	Sono *i loro* libri.
Sono *gli* studenti.	Sono *i loro* studenti.
Sono *le* ragazze.	Sono *le loro* ragazze.

What do **il loro, la loro, i loro,** and **le loro** mean? _____

When do you use **il loro?** _____

la loro? _____

i loro? _____

le loro? _____

Attività

H. Choose the correct possessive adjective:

1. (la nostra, il nostro) _____ classe

2. (la vostra, le vostre) _____ matite

3. (la loro, il loro) _____ famiglia

4. (il nostro, i nostri) _____ quaderni

5. (la vostra, il vostro) _____ mano

6. (le loro, i loro) _____ zii

7. (le loro, i loro) _____ amici

8. (il nostro, i nostri) _____ medici

9. (le loro, i loro) _____ ragazze

10. (il nostro, la nostra) _____ giornale

13 There's one more use of possessive adjectives you must learn. Look carefully:

	I			II	
mio padre	my father		*i miei* padri	my fathers
mio fratello	my brother		*i miei* fratelli	my brothers
mio nonno	my grandfather		*i miei* nonni	my grandfathers
mia madre	my mother		*le mie* madri	my mothers
mia sorella	my sister		*le mie* sorelle	my sisters
mia nonna	my grandmother		*le mie* nonne	my grandmothers
mia zia	my aunt		*le mie* zie	my aunts

Look at the adjectives in Group I. Are they singular or plural? _____

How do you know? _____

What is missing? _____

Here is the simple rule: The definite article is NOT used before possessive adjectives with SINGULAR nouns referring to relatives (Exception: **loro**):

mio padre

But:

il loro padre

If the noun is accompanied by an adjective, the article is used:

la mia zia ricca

Note these two nouns of family relationships that require the definite article:

il tuo papà   *la sua* mamma

Attività

I. Express in Italian:

1. his mother _____

2. her father _____

3. his aunts _____

4. her uncles _____

5. his pen _____

6. her book _____

7. his notebook _____

8. her hand _____

9. his car _____

10. her dad _____

14 Read this story about two girls trying to impress each other:

CATERINA: Ciao, Teresa, come stai?
TERESA: Oh, ciao, Caterina! Bene, e tu?
CATERINA: Sono stanca morta. Lavoro tanto!   **stanca morta** *dead-tired*
TERESA: Lavori? E che fai?   **che fai?** *what do you do?*
CATERINA: Abitiamo in una bella casa con i
nostri nonni. Ma ci sono tante camere nella

nostra casa! Ed io aiuto sempre la mamma a fare le pulizie.

fare le pulizie *to do the house-work*

TERESA: Ah, come ti capisco! Anche la mia casa è enorme. Ci sono dieci camere. I miei genitori hanno una camera da letto gran-dissima. Mia sorella ed io abbiamo una camera da letto più piccola e mio fratello sta solo.

grandissima *very large*

CATERINA: Quanti bagni avete?

TERESA: Due. Ma abbiamo anche un bel sa-lotto, una sala da pranzo, una bella cucina, lo studio di papà e perfino la cameretta per la nostra domestica.

perfino *even*
  la cameretta *the little room*

CATERINA: Sì, anche noi abbiamo la dome-stica. Lei pulisce e prepara i pasti per tutti.

la domestica *the maid*
pulisce *cleans*

In questo momento entra la mamma di Caterina.

LA MAMMA *(sola con sua figlia):* Caterina, perchè dici che abbiamo la domestica? Tu sai bene che non è vero.

tu sai *you know*

CATERINA: Lo so, mamma. Forse parlo troppo ... Ma anche Teresa abita in un appartamento come questo ed esagera sempre!

lo so *I know it*
  forse *perhaps*
troppo *too much*
esagera *she exaggerates*

Attività

J. Complete the following sentences:

1. Secondo Caterina, la sua famiglia abita _____.

2. Nella casa ci sono tante _____.

3. Caterina aiuta la mamma a _____.

4. Secondo Teresa, la sua casa è _____.

5. Nella casa di Teresa ci sono _____ camere.

6. I suoi genitori hanno _____ grandissima.

7. La casa di Teresa ha due _____.

8. La domestica _____ per tutti.

9. Tu sai _____ vero.

10. Caterina e Teresa abitano _____.

CONVERSAZIONE

VOCABOLARIO

Aiutami. *Help me.*
in ritardo *late*
la sedia *the chair*

il tavolo *the table*
la borsa *the handbag*
destra *right*

INFORMAZIONI PERSONALI

I

1. Dov'è il suo letto? _____

2. Dove prepara i pasti? _____

3. Dove guarda la televisione? _____

4. Com'è la sua casa? _____

5. Quante camere ci sono nella sua casa? _____

II

Draw your house and especially your room. Label the rooms in your house and the objects in your room.

DIALOGO

Using the picture cues, complete the dialog with the correct Italian words:

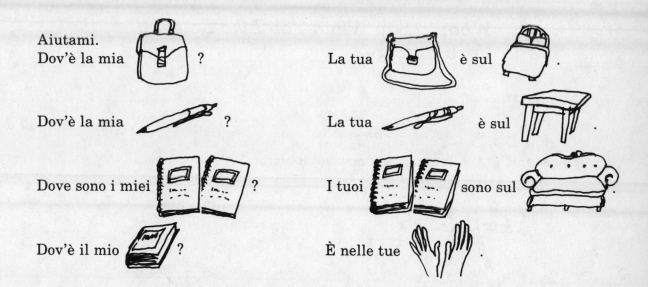

Aiutami.
Dov'è la mia   ?

Dov'è la mia   ?

Dove sono i miei   ?

Dov'è il mio   ?

La tua   è sul   .

La tua   è sul   .

I tuoi   sono sul   .

È nelle tue   .

16 | I cibi

*What to Say When You Like Something; the
Verb **piacere***

1   You should enjoy learning this new vocabulary:

l'acqua (f.)

l'arancia (f.)

il burro

il caffè

le patate

il pane

il tramezzino

la pasta

la carne

la pera

il formaggio

il pesce

la frutta

il pollo

il gelato

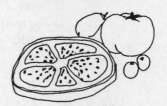

il pomodoro

l'insalata (f.)

il prosciutto

il latte

il succo

la mela

la torta

la minestra

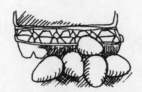

le uova

gli ortaggi / la verdura

Attività

A. Match the words with the pictures:

la carne   il tramezzino
il pesce   il gelato
il latte   l'insalata
il formaggio   il burro
il pollo   il pomodoro

1. _____   3. _____

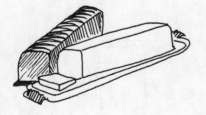

2. _____   4. _____

5. _____ **8.** _____

6. _____ **9.** _____

7. _____ **10.** _____

B. Identify:

1. _____ **3.** _____

2. _____ **4.** _____

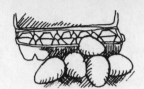

5. _____ **8.** _____

6. _____ **9.** _____

7. _____ **10.** _____

C. Fill in the correct definite article **il, lo, la, l', i, gli,** or **le:**

1. _____ latte   6. _____ pomodori

2. _____ gelati   7. _____ pane

3. _____ ortaggi   8. _____ carne

4. _____ formaggio   9. _____ patate

5. _____ insalata   10. _____ acqua

2 In this lesson, you will learn what to say when you like something. First, let's read a short poem:

> **Mi piace il latte,**
> **Mi piace il caffè,**
> **Ma mi piacciono di più**
> **Gli occhi che hai tu.**

As you see in the poem, *I like* in Italian is **mi piace** or **mi piacciono**. Take a closer look at these examples:

a. *Mi piace* il latte.   *I like (the) milk.*
Mi piace la carne.   *I like (the) meat.*
Mi piace la Signora Bianchi.   *I like Mrs. Bianchi.*
Mi piace mangiare.   *I like to eat.*

b. *Mi piacciono* i fiori.   *I like (the) flowers.*
Mi piacciono i libri.   *I like (the) books.*
Mi piacciono gli occhi verdi.   *I like green eyes.*

Notice that **mi piace** was used with the examples in group (a), while **mi piacciono** was used with the examples in group (b). What's the difference between the two groups? In group (a), were the words **il latte, la carne, la**

Signora Bianchi singular or plural? _____ In group (b), were

i fiori, i libri, gli occhi verdi singular or plural? _____

The simple rules are:

a. **Mi piace** is followed by a noun in the singular or by an infinitive:

Mi piace la classe. (singular)
Mi piace cantare. (infinitive)

b. **Mi piacciono** is followed by a noun in the plural:

Mi piacciono i tramezzini. (plural)

To put it another way, if what is liked is singular, use **piace**. If what is liked is plural, use **piacciono**.

Attività

D. Complete the sentences with the correct form for "I like." Then give the complete English meanings of the sentences:

1. Mi _____ la scuola. _____

2. Mi _____ studiare. _____

3. Mi _____ i professori. _____

4. Mi _____ il gelato. _____

5. Mi _____ guardare la televisione. _____

6. Mi _____ i dolci italiani. _____

3 Now that you know how to say *I like* (**mi piace** or **mi piacciono**), here are the other forms of **piacere**:

ti piace
ti piacciono } *you* (familiar singular) *like*

gli piace
gli piacciono } *he likes*

le piace
le piacciono } *she likes*

le piace
le piacciono } *you* (formal singular) *like*

ci piace
ci piacciono } *we like*

vi piace
vi piacciono } *you* (familiar plural) *like*

gli piace
gli piacciono } *they like*

gli piace
gli piacciono } *you* (formal plural) *like*

Notice that we follow the same rule: Use **piace** if what is liked is singular. Use **piacciono** if what is liked is plural.

4 Now let's see how all the forms of liking are expressed:

SINGULAR

Mi piace la fotografia.	*I like the picture.*
Ti piace la fotografia.	*You* (familiar singular) *like the picture.*
Gli piace la fotografia.	*He likes the picture.*
Le piace la fotografia.	*She likes the picture.*
Le piace la fotografia.	*You* (formal singular) *like the picture.*
Ci piace la fotografia.	*We like the picture.*
Vi piace la fotografia.	*You* (familiar plural) *like the picture.*
Gli piace la fotografia.	*They like the picture.*
Gli piace la fotografia.	*You* (formal plural) *like the picture.*

PLURAL

Mi piacciono le fotografie.	*I like the pictures.*
Ti piacciono le fotografie.	*You* (familiar singular) *like the pictures.*
Gli piacciono le fotografie.	*He likes the pictures.*
Le piacciono le fotografie.	*She likes the pictures.*
Le piacciono le fotografie.	*You* (formal singular) *like the pictures.*
Ci piacciono le fotografie.	*We like the pictures.*
Vi piacciono le fotografie.	*You* (familiar plural) *like the pictures.*
Gli piacciono le fotografie.	*They like the pictures.*
Gli piacciono le fotografie.	*You* (formal plural) *like the pictures.*

CAUTION: With **piacere**, do not use the subject pronouns **io, tu, lui, lei, noi, voi, loro.**

5 How do we use **piacere** negatively? To express "doesn't like" or "don't like" in Italian, place **non** before the pronouns **mi, ti, gli,** and so on:

> **Non mi piace la carne.**   *I don't like (the) meat.*
> **Non gli piacciono i fiori?**   *He doesn't like (the) flowers?*

Attività

E. Match the Italian sentences in the left column with the correct English meanings in the right column. Write the matching letter in the space provided:

1. Mi piace il cinema. _____

2. Le piace scrivere. _____

3. Non mi piacciono i gatti. _____

4. Vi piacciono le uova? _____

5. Ci piace il minestrone. _____

6. Ti piacciono i pomodori? _____

7. Gli piacciono le ragazze. _____

8. Gli piace il formaggio. _____

9. Non vi piace cantare? _____

10. Le piacciono le rose rosse. _____

a. Do you like eggs?
b. They like cheese.
c. Do you like tomatoes?
d. Don't you like to sing?
e. I don't like cats.
f. I like the movies.
g. We like minestrone soup.
h. You like to write.
i. She likes red roses.
j. He likes girls.

F. Complete the following sentences with the correct form of **piacere**. Then give the English meanings:

1. Le _____ parlare italiano. _____

2. Mi _____ la musica. _____

3. Ci _____ la frutta. _____

4. Ti _____ i quaderni. _____

5. Le _____ l'attrice. _____

6. Gli _____ gli animali. _____

7. Ti _____ le uova. _____

8. Ci _____ i fiori. _____

9. Mi _____ il cibo italiano. _____

10. Vi _____ la casa nuova. _____

G. Express in Italian:

1. We like bananas.

   _____

2. I like the class.

   _____

3. You (familiar singular) like the coffee.

   _____

4. She likes the books.

   _____

5. They like the restaurant.

   _____

6. We like the teacher.

   _____

7. He likes the cars.

   _____

8. I like her eyes.

   _____

9. You (formal pl.) like to eat.

   _____

10. He likes the bread.

   _____

6 As you have seen, **piacere** does not follow the usual construction of other Italian verbs. **Piacere** really means *to please*. For example, "I like the house" is expressed in Italian as "The house pleases me," and "I like the flowers" becomes "The flowers please me." What are you really saying when you say *I like it* in

Italian? _____ Correct. *It pleases me. Since it pleases — piace,*

it pleases me = **mi piace.** Similarly, what are you really saying when you say

I like them? _____ Correct again: *They please me.*

Since *they please =* **piacciono,** *they please me =* **mi piacciono.**

7 Enjoy this conversation in a restaurant:

CAMERIERE: Buona sera! I signori deside- rano mangiare?

IL SIGNORE: Buona sera! Il menù, per piacere.   **per piacere** *please*

LA SIGNORA: Ah, quanto mi piace andare al ristorante e mangiare cose diverse! Ti piace?

IL SIGNORE: Certo, cara. Desidero pollo alla cacciatora con patatine fritte e un litro di vino. E per dolce, un gelato alla vaniglia.
    cara *darling*
    alla cacciatora *stewed*
      le patatine fritte *the french fries*
    il vino *the wine*
      il dolce *the dessert*

LA SIGNORA: Oh no, Peppino! Stai a dieta! Tu non hai bisogno di patatine fritte e di gelato. Lo zucchero ed il vino non sono buoni per la salute. Non ti piacciono le uova?
    a dieta *on a diet*
    lo zucchero *the sugar*
    la salute *the health*

IL SIGNORE: Ma cara ...

LA SIGNORA: Cameriere! Due uova soda con una fetta di pane tostato e un bicchiere d'acqua minerale con ghiaccio per mio marito.
    soda *hard-boiled*
    la fetta di pane *the slice of bread*
      il bicchiere *the glass*
    il ghiaccio *the ice*
    il marito *the husband*

IL SIGNORE: Povero me!

CAMERIERE: E lei, signora, desidera la stessa cosa?   **stessa** *same*

LA SIGNORA: Oh no! Io prendo una bistecca con insalata mista, un quarto di vino ...
    la bistecca *the steak*
    mista *mixed*
      un quarto *a quarter liter*

Ma prima vorrei un antipasto di melone con prosciutto e una bella minestra di cipolle. Per dolce ... mousse al cioccolato e cappuccino. Ci piace tanto mangiare nei ristoranti! Non è vero?

l'antipasto *the appetizer*

la cipolla *the onion*

il cappuccino *espresso coffee with hot milk*

Non è vero? *Don't you agree?*

Attività

H. Complete the sentences:

1. Il signore e sua moglie sono in un _____.

2. Il signore desidera il _____.

3. La signora dice che _____ andare al ristorante.

4. Il signore desidera mangiare _____.

5. Per dolce desidera _____ alla _____.

6. La signora crede che suo marito è _____.

7. La signora dice che suo marito ha bisogno di mangiare due _____

con una _____ e un bicchiere _____.

8. La signora non desidera la _____ cosa.

9. Le piace mangiare una bistecca con _____.

10. Per dolce la signora desidera mousse al _____.

I. Our chef for today, **Carlo il cuoco,** has prepared three meals. Can you tell in Italian what they consist of? Choose from the list of foods on the right:

La colazione (*breakfast*)

_____

_____

_____

_____

Il pranzo (*lunch*)

_____

_____

_____

_____

La cena (*supper*)

_____

_____

_____

_____

il pesce
le uova
il pane
la minestra
la verdura
il caffè
il tramezzino
il latte
la mela
il succo d'arancia
il gelato
la bistecca
la pasta
il formaggio
la torta

CONVERSAZIONE

VOCABOLARIO

da bere *to drink*
la bottiglia *the bottle*

la panna *the (whipped) cream*

DIALOGO

You are the second person in the dialogue. Write a suitable response to each dialogue line following the cues provided:

INFORMAZIONI PERSONALI

I

1. Quando ha fame, che cosa mangia?

   _____

2. Quando ha sete, che cosa le piace bere?

   _____

3. Le piace la frutta?

   _____

4. Mangia ortaggi?

   _____

5. Le piace preparare i dolci?

   _____

II

Your friends are taking you out to a restaurant to celebrate a special occasion. It's their treat! You can order anything you want — and you're really hungry! Make a list of all the things you would order (in Italian, of course):

_____   _____

_____   _____

_____   _____

_____   _____

Ripasso IV (Lezioni 13-16)

Lezione 13

a. The verb **avere** (*to have*) is irregular. Memorize all its forms:

io	ho	noi	abbiamo
tu	hai	voi	avete
lui		loro	
lei	ha	loro	hanno
lei			

b. Learn the meanings of these special expressions that use **avere.** They may be used with any subject as long as **avere** is conjugated:

avere caldo	*to be hot* (= *to feel hot*)
avere freddo	*to be cold*
avere fame	*to be hungry*
avere paura	*to be afraid*
avere sete	*to be thirsty*
avere sonno	*to be sleepy*
avere ____ anni	*to be ____ years old*
avere ragione	*to be right*
avere torto	*to be wrong*
avere bisogno di	*to need*

Examples: **Io ho caldo.** *I'm warm.*
Abbiamo fame. *We are hungry.*

Lezione 14

a. Time is expressed as follows:

Che ora è?	
Che ore sono?	*What time is it?*
È l'una.	*1:00*
Sono le due.	*2:00*
Sono le due e dieci.	*2:10*
Sono le tre e un quarto.	*3:15*
Sono le quattro e mezzo.	*4:30*
Sono le cinque e venti.	*5:20*

258

Sono le sei meno venticinque.	5:35
Sono le sette meno venti.	7:40
Sono le nove meno un quarto.	8:45
Sono le dieci meno dieci.	9:50
È mezzogiorno.	noon
È mezzanotte.	midnight

b. A.M. = **di mattina**
P.M. (afternoon) = **del pomeriggio**
P.M. (evening) = **di sera**
P.M. (night) = **di notte**

c. To express "at" a specific time, use **all'** or **alle**:

all'una	at one o'clock
alle dieci	at ten o'clock

d. Official time in Italy uses the twenty-four-hour clock:

alle quindici	at 15:00 (3:00 P.M.)

Lezione 15

a. The possessive adjectives express that something belongs to someone:

SINGULAR		PLURAL		MEANING
MASCULINE	FEMININE	MASCULINE	FEMININE	
il mio	**la mia**	**i miei**	**le mie**	my
il tuo	**la tua**	**i tuoi**	**le tue**	your (familiar)
il suo	**la sua**	**i suoi**	**le sue**	your (formal)
il suo	**la sua**	**i suoi**	**le sue**	his, her, its
il nostro	**la nostra**	**i nostri**	**le nostre**	our
il vostro	**la vostra**	**i vostri**	**le vostre**	your (familiar)
il loro	**la loro**	**i loro**	**le loro**	your (formal)
il loro	**la loro**	**i loro**	**le loro**	their

b. The definite article is not used with possessive adjectives and singular nouns referring to relatives (Exception: **loro**):

> **mio padre**
> **mia madre**

But:

> **la loro madre**
> **i miei fratelli**
> **il mio zio ricco**
> **il tuo papà**
> **la sua mamma**

Lezione 16

Italian uses forms of the verb **piacere** (*to please, to be pleasing*) to express "to like":

mi piace **mi piacciono**	*I like*
ti piace **ti piacciono**	*you* (familiar singular) *like*
gli piace **gli piacciono**	*he likes*
le piace **le piacciono**	*she likes*
le piace **le piacciono**	*you* (formal singular) *like*
ci piace **ci piacciono**	*we like*
vi piace **vi piacciono**	*you* (familiar plural) *like*
gli piace **gli piacciono**	*they like*
gli piace **gli piacciono**	*you* (formal plural) *like*

Attività

A. There are sixteen parts of the body hidden in the puzzle. Circle the words in the puzzle and write them below. The words may be read from left to right, right to left, up or down, or diagonally across:

O	C	C	H	I	A	C	C	O	B
C	R	R	O	T	I	D	T	F	H
A	M	E	L	I	N	G	U	A	A
M	E	S	C	R	C	I	E	T	L
O	N	A	M	C	L	C	S	Z	A
T	I	L	P	L	H	E	A	E	R
S	E	D	E	N	T	I	N	R	B
A	D	P	I	E	D	E	A	E	B
F	A	C	C	I	A	S	S	P	A
C	U	O	R	E	M	O	O	I	L

B. Write the times in Italian:

1. _____

4. _____

2. _____

5. _____

3. _____

6. _____

7. _____   8. _____

C. Supply the correct possessive adjectives:

1. (my) _____ insalata, _____ mele,

   _____ tramezzino.

2. (your, familiar singular) _____ amico, _____

   amici, _____ amiche.

3. (his) _____ madre, _____ zio, _____

   _____ fratelli.

4. (her) _____ famiglia, _____ padre,

   _____ zie.

5. (your, formal plural) _____ casa, _____

   letto, _____ fotografie.

6. (our) _____ scuola, _____ professore,

   _____ alunne.

7. (their) _____ frutta, _____ denaro,

   _____ genitori.

8. (your, formal singular) _____ gelato, _____ torta,

   _____ bicchieri.

D. Gino has just served a meal. But he has forgotten a few things. Can you help him out? Here's his checklist:

	Sì	No
1. le uova		
2. il pesce		
3. il gelato		
4. le arance		
5. la minestra		
6. l'insalata		
7. gli ortaggi		
8. il formaggio		
9. la torta		
10. il pollo		

	Sì	No
11. il prosciutto		
12. il caffè		
13. il pane		
14. il vino		
15. la frutta		
16. il bicchiere		
17. lo zucchero		
18. la bistecca		
19. il burro		
20. la pasta		

E. Cruciverba. Identify the picture clues and complete the puzzle:

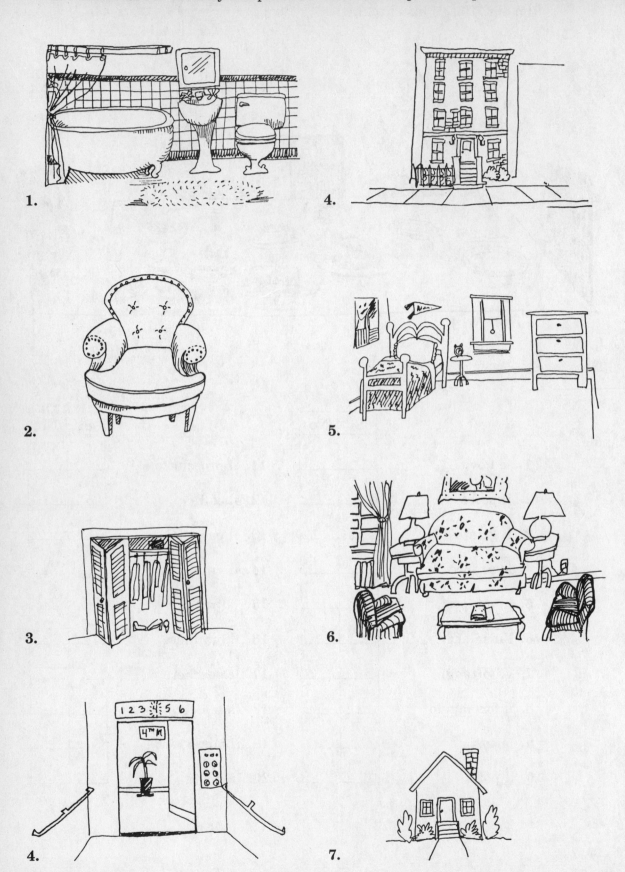

1.

2.

3.

4.

4.

5.

6.

7.

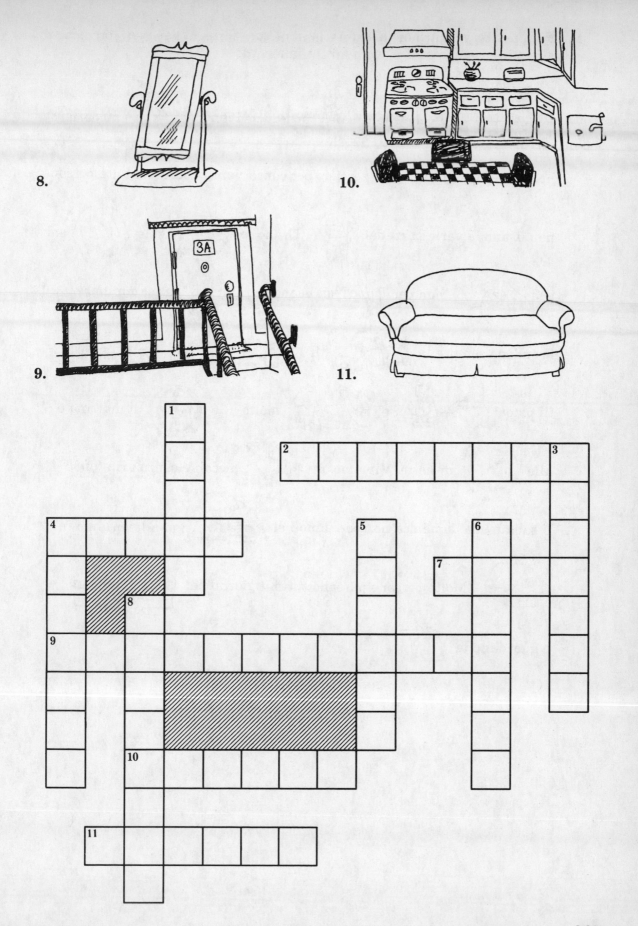

8.

10.

9.

11.

F. Picture Story. Much of this story is in picture form. Whenever you come to a picture, read it as if it were an Italian word:

I  dicono che l'  moderno ed anche la  moderna

hanno bisogno di fare più esercizio per conservare la salute. Molte persone

non usano le varie parti del  . Usano le  e le  solo

per  e non per  . Non usano i  per camminare.

Prendono sempre la  , il  o l'  .

Ci piace  e  molto alle  di mattina o

alle  di notte. Viviamo in  piccoli e senza aria (*air*).

Il sabato e la domenica non corriamo nel  ; non lavoriamo in

 . Molte persone passano tutto il giorno nel

e guardano la  .

Quinta
Parte

Dove sono?

Common Italian Prepositions; Contractions

1 Can you figure out the meaning of these prepositions? Read the story that follows and see if you can spot the prepositions:

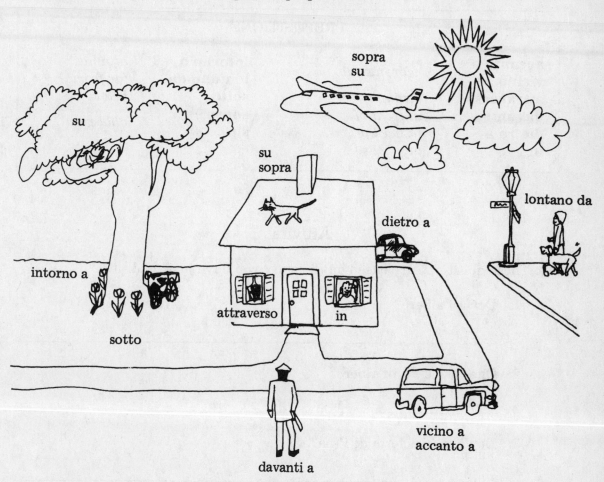

sopra
su

su
sopra

dietro a

lontano da

intorno a

attraverso

in

sotto

vicino a
accanto a

davanti a

Qui vediamo la via dove vive la famiglia Scarpetta. È una bella via con case piccole, giardini, alberi e fiori. **Vicino a**lla casa degli Scarpetta c'è un albero grande. **Su**ll'albero ci sono due uccelli. **Intorno a**ll'albero ci sono i fiori. Sono rose rosse. **Sotto** l'albero c'è una bicicletta. È la bicicletta di Pina, la figlia di

qui *here*

l'albero *the tree*

l'uccello *the bird*

269

dodici anni. La mamma è **in** casa. Noi la vediamo **attraverso** la finestra. **Vicino a**l marciapiede c'è un'automobile. È la macchina del Signor Scarpetta. **Dietro a**lla casa c'è un'altra via. **Ne**lla via c'è un autobus. Nell'aria c'è un aereo. L'aereo sta volando **sopra** la casa degli Scarpetta. **Ne**l cielo c'è il sole e ci sono anche le nuvole. Le nuvole sono **sotto** il sole. **Ne**lla strada **davanti a**lla casa c'è un poliziotto. **Lontano da**lla casa c'è un cane. C'è un altro animale. È **su**l tetto. Che animale è?

il marciapiede the sidewalk

l'aereo the airplane
  volare to fly

il sole the sun
  la nuvola the cloud
la strada the street

il tetto the roof

PREPOSITIONS

accanto a ⎫ **vicino a** ⎭	*near, next to*	**intorno a**	*around*
		lontano da	*far from*
attraverso	*through*	**sotto**	*below*
davanti a	*in front of*	**sopra** ⎫	
dietro a	*in back of*	**su** ⎭	*above, on*
in	*in*		

Attività

A. These questions are based on the story you have just read:

1. Dov'è l'albero?

_____

2. Che cosa c'è sull'albero?

_____

3. Dov'è la bicicletta di Pina?

_____

4. Che cosa c'è intorno all'albero?

_____

5. Dov'è il sole?

_____

6. Che cosa c'è vicino alla casa?

_____

7. Che cosa c'è lontano dalla casa?

_____

8. Chi c'è davanti alla casa?

_____

9. Che cosa c'è dietro alla casa?

_____

10. Dov'è l'aereo adesso?

_____

2 In this lesson you will learn how to express where things are by means of prepositions. You will learn how the prepositions **a, da, in,** and **su** behave when they are followed by a definite article. Pay special attention to each group of sentences:

I	II
È *il* professore.	È *vicino al* professore.
È *il* ragazzo.	È *vicino al* ragazzo
È *il* treno.	È *vicino al* treno.
È *lo* specchio.	È *vicino allo* specchio.
È *lo* studente.	È *vicino allo* studente.
È *lo* zio.	È *vicino allo* zio.
È *l'*albero.	È *vicino all'*albero.
È *l'*amico.	È *vicino all'*amico.
È *l'*attore.	È *vicino all'*attore.

In Group I, what is the gender of all of the nouns? _____

Are they singular or plural? _____

How do you know? _____

List the articles in Group I: _____

Now look at Group II. Which words have replaced **il, lo,** and **l'**?

_____

Which two little words do we combine to get **al**? _____

allo? _____

all'? _____

Before what kinds of nouns is **al** used? _____

allo? _____

all'? _____

What do **vicino al, vicino allo, vicino all'** mean? _____

3   Now look at these groups:

I	II
È _la_ casa.	È _vicino alla_ casa.
È _la_ scuola.	È _vicino alla_ scuola.
È _la_ signorina.	È _vicino alla_ signorina.
È _l'_America.	È _vicino all'_America.
È _l'_arancia.	È _vicino all'_arancia.
È _l'_automobile.	È _vicino all'_automobile.

In Group I, what is the gender of all of the nouns? _____

Are they singular or plural? _____

How do you know? _____

List the articles in Group I: _____

Now look at Group II. Which words have replaced **la** and **l'**?

_____

Which two little words do we combine to get **alla?** _____ **all'?** _____

What do **vicino alla** and **vicino all'** mean? _____

Attività

B. Complete with the correct form of **al, allo, alla,** or **all'**:

1. È vicino _____ penna.

2. È vicino _____ tavolo.

3. È vicino _____ ombrello.

4. È vicino _____ ospedale.

5. È vicino _____ cucina.

6. È vicino _____ zucchero.

7. È vicino _____ ristorante.

8. È vicino _____ porta.

4 Keeping in mind the combinations you have already learned, look at the next groups of sentences:

I	II
Sono *i* professori.	Sono *vicino ai* professori.
Sono *i* ragazzi.	Sono *vicino ai* ragazzi.
Sono *i* treni.	Sono *vicino ai* treni.
Sono *gli* specchi.	Sono *vicino agli* specchi.
Sono *gli* studenti.	Sono *vicino agli* studenti.
Sono *gli* zii.	Sono *vicino agli* zii.
Sono *gli* alberi.	Sono *vicino agli* alberi.
Sono *gli* amici.	Sono *vicino agli* amici.
Sono *gli* attori.	Sono *vicino agli* attori.

In Group I, what is the gender of all of the nouns? _____

Are they singular or plural? _____

How do you know? _____

List the articles in Group I: _____

Now look at Group II. Which words have replaced **i** and **gli**? _____

Which two little words do we combine to get **ai**? _____ **agli?** _____

Before what kinds of nouns is **ai** used? _____

agli? _____

What do **vicino ai** and **vicino agli** mean? _____

5 Let's learn some more:

I	II
Sono *le* Americhe.	Sono *vicino alle* Americhe.
Sono *le* arance.	Sono *vicino alle* arance.
Sono *le* automobili.	Sono *vicino alle* automobili.
Sono *le* case.	Sono *vicino alle* case.
Sono *le* scuole.	Sono *vicino alle* scuole.
Sono *le* signorine.	Sono *vicino alle* signorine.

In Group I, what is the gender of all of the nouns? _____

Are they singular or plural? _____

How do you know? _____

Write the article in Group I: _____

Now look at Group II. Which word has replaced **le?** _____

Which two little words do we combine to get **alle?** _____

Before what kinds of nouns is **alle** used? _____

What does **vicino alle** mean? _____

Attività

C. Complete with the correct form of **ai, agli,** or **alle:**

1. Sono vicino _____ attori.

2. Sono vicino _____ camerieri.

3. Sono vicino _____ fotografie.

4. Sono vicino _____ studenti.

5. È vicino _____ bicchieri.

6. È vicino _____ spaghetti.

7. Sono vicino _____ ambulanze.

8. Sono vicino _____ appartamenti.

9. Sono vicino _____ presidenti.

10. Sono vicino _____ occhi.

D. Complete the sentences with the correct Italian expressions:

1. (next to) Sono _____ parco.

2. (in back of) Sono _____ studio.

3. (around) Sono _____ bambini.

4. (near) È _____ ragazza.

5. (in front of) È _____ finestra.

6. (in back of) È _____ studenti.

7. (next to) Sono _____ strada.

8. (in front of) Sono _____ scuola.

9. (around) È _____ alberi.

10. (near) È _____ fiori.

6 The same rules for combining **a** + definite article apply to the prepositions **da, di, in,** and **su** + definite article. The forms that result are called CONTRACTIONS.

Study the following contractions carefully:

	il	lo	l'	la	i	gli	le
a (*to*)	al	allo	all'	alla	ai	agli	alle
da (*from*)	dal	dallo	dall'	dalla	dai	dagli	dalle
di (*of*)	del	dello	dell'	della	dei	degli	delle
in (*in*)	nel	nello	nell'	nella	nei	negli	nelle
su (*on*)	sul	sullo	sull'	sulla	sui	sugli	sulle

Attività

E. Dove sono io?

1. Io sono _____
   tavolo.

2. Io sono _____
   tavolo.

3. Io sono _____
tavolo.

5. Io sono _____
tavolo.

4. Io sono _____
tavolo.

6. Io sono _____
tavolo.

7 Now look carefully at the following sentences:

La casa _di_ Maria è grande.	_Maria's house is big._
Il libro _di_ Paolo è rosso.	_Paul's book is red._
Il caffè _del_ nonno è freddo.	_Grandfather's coffee is cold._
Le finestre _della_ casa sono piccole.	_The windows of the house are small._

Which little word do we use to express possession in Italian? _____ Notice that in Italian we do not show possession with an apostrophe. Possession
involving two nouns is always expressed by **di** before the POSSESSOR:

la casa _di_ Maria
il libro _del_ ragazzo
le finestre _della_ casa

Attività

F. Express in Italian:

1. Maria's notebook _____

2. Pietro's teacher _____

3. Carolina's aunt _____

4. the teacher's lesson _____

5. the mother's dinner _____

6. the doctor's house _____

8 Now we shall see another use of the preposition **di**. Look carefully at these sentences:

> **Maria compra *della* carne.**
> **La signora prende *dello* zucchero.**
> **Avete *dei* quaderni?**
> **Desidera *del* pane?**

What do the words in heavy type mean in each sentence? _____

Underline the word in each sentence that stands for "some" or "any"; **del, dello, dell', della, dei, degli,** and **delle** express the partitive. Why do we call these

expressions "partitive"? _____

_____

Attività

G. Complete the sentences with the correct form of the partitive:

1. Il ragazzo desidera _____ acqua.

2. Maria ed Elena comprano _____ pane.

3. Signora, lei ha _____ figli?

4. Carlo scrive _____ parole italiane.

5. Io prendo sempre _____ latte la mattina.

6. La mamma prepara _____ insalata mista.

7. Lisa mangia l'insalata con _____ aceto (*vinegar*) e

_____ olio.

8. Il ragazzo non ha _____ amici.

9. Gli studenti mangiano _____ frutta.

10. Ecco _____ zucchero.

H. Dove sono tutti? Here we have the Scarpetta's house again, but things are a little different now. Can you tell where everything is?

1. Dov'è l'albero?

   _____

2. Che cosa c'è sull'albero?

   _____

3. Dov'è la bicicletta di Pina?

   _____

4. Dove sono i fiori?

   _____

5. Dov'è il sole?

   _____

6. Che cosa c'è vicino all'albero?

   _____

7. Che cosa c'è lontano dalla casa?

   _____

8. Chi c'è davanti alla casa?

_____

9. Dov'è l'aereo in questo momento?

_____

10. Dov'è il cane in questo momento?

_____

11. Chi c'è dietro alla casa?

_____

12. Dove sono gli uccelli?

_____

9 Let's review a sentence of this type:

Le piace cantare. *She likes to sing.*

Suppose you wanted to say in Italian "Mary likes to sing" or "The girl likes to sing," you would replace the object pronoun by the noun and place the preposition **a** before the noun:

A Maria piace cantare.
Alla ragazza piace cantare.

If you want to express "doesn't like" with a noun, put **non** before the verb:

A Maria *non* **piace cantare.**
Alla ragazza *non* **piacciono i pomodori.**

Attività

I. Complete the sentences by stating that the people indicated like what is mentioned:

1. (Carlo) _____ i ravioli.

2. (Mamma) _____ la frutta.

3. (Lisa) _____ ballare.

4. (The girls) _____ la musica.

5. (The teachers) _____ i compiti.

6. (My friends) _____ mangiare.

7. (Our little brother) _____ la torta.

8. (The babies) _____ il latte.

J. Change the sentences in Attività I so as to state that the people don't like what is mentioned:

1. _____

2. _____

3. _____

4. _____

5. _____

6. _____

7. _____

8. _____

INFORMAZIONI PERSONALI

You have been asked to supply information about your house or apartment building:

1. Describe its location.

_____

2. State what is near your building.

_____

3. State where your school is in relation to your building.

_____

4. Describe what is in front and in back of your building.

_____

5. Describe the vehicles that pass your house.

_____

CONVERSAZIONE

VOCABOLARIO

quasi *almost*

diventare *to become*

DIALOGO

What would the second person in this dialog say? Choose your answers from the choices provided:

18 I numeri

Numbers to 100

1   You are now ready to count to 100:

30 **trenta**	40 **quaranta**	70 **settanta**
31 **trentuno**	41 **quarantuno**	71 **settantuno**
32 **trentadue**	48 **quarantotto**	78 **settantotto**
33 **trentatrè**	50 **cinquanta**	80 **ottanta**
34 **trentaquattro**	51 **cinquantuno**	81 **ottantuno**
35 **trentacinque**	58 **cinquantotto**	88 **ottantotto**
36 **trentasei**	60 **sessanta**	90 **novanta**
37 **trentasette**	61 **sessantuno**	91 **novantuno**
38 **trentotto**	68 **sessantotto**	98 **novantotto**
39 **trentanove**		100 **cento**

Do you remember the Italian numbers from 1 to 30? Review them in Lesson 6 before going on.

CAUTION! Did you notice anything different about 21 (and 31, 41, 51, 61, 71, 81, 91) and 28 (and 38, 48, 58, 68, 78, 88, 98)? What is missing? _____

Attività

A. Read the following numbers aloud and write the correct numeral in the spaces provided:

1. venticinque _____   6. novantotto _____

2. ottantatrè _____   7. quarantadue _____

3. cinquantuno _____   8. trentaquattro _____

4. sessantasei _____   9. quindici _____

5. settantanove _____   10. diciotto _____

B. Match the list of numbers on the left with the numerals on the right:

1. settantasei	_____		13
2. sessantasette	_____		45
3. cento	_____		76
4. undici	_____		88
5. cinquantadue	_____		91
6. trentatrè	_____		52
7. tredici	_____		67
8. ottantotto	_____		33
9. quarantacinque	_____		100
10. novantuno	_____		11

C. Arrange the following list of numbers so that they are in order: the smallest first, the largest last:

novanta	trentaquattro
quindici	diciannove
uno	ventidue
nove	settanta
sessanta	cento

1. _____   6. _____

2. _____   7. _____

3. _____   8. _____

4. _____   9. _____

5. _____   10. _____

2 Here's a conversation overheard at an auction. Auctions can be fun, but be careful!

VENDITORE: E adesso, signore e signori, un'occasione d'oro, un'opera d'arte eccezionale! ... Il famoso dipinto del celebre artista Luca da Pontevecchio «Il cane che mangia la torta a letto».

il venditore *the salesman*
d'oro *golden*
  l'opera d'arte *the masterpiece*
il dipinto *the painting*
celebre *famous*

TUTTI: Oooah!
PIETRO: Ma è orribile!
PINA: È mostruoso!
VENDITORE: Allora ... Quanto offrono per
questo quadro straordinario? Chi mi dà
cinquanta dollari?

allora *now*
il quadro *the picture*
chi *who*

PRIMO COMPRATORE: Cinquanta dollari.

SECONDO COMPRATORE: Sessanta dollari.

PIETRO: Sono pazzi!

PINA: Per me non vale neppure un soldo.

PIETRO: Non è pittura. È spazzatura!

PRIMO COMPRATORE: Settanta dollari.

SECONDO COMPRATORE: Ottanta dollari.

PRIMO COMPRATORE: Novanta dollari.

VENDITORE: Novanta ... novanta una volta, novanta una seconda volta ... Ma c'è qualcuno che offre cento dollari per questo quadro meraviglioso?

In questo momento entra Lidia.

LIDIA: Pina ... Pina ... Ciaooo!

Pina alza la mano per salutare l'amica.

VENDITORE: Cento dollari! Per la signora con la camicetta bianca! È della signora per cento dollari!

il compratore *the buyer*

vale *is worth*
 neppure *not even*
 il soldo *the penny*
la pittura *the painting*
 la spazzatura *the garbage*

una volta *once*

meraviglioso *marvelous*

alzare *to raise*

la camicetta *the blouse*
 è della signora *it belongs to the lady*

Attività

D. Answer the questions:

1. Chi è l'artista del dipinto?

   _____

2. Qual è il titolo del dipinto?

   _____

3. Secondo Pina e Pietro, quanto vale il dipinto?

   _____

4. Quante persone vogliono comprare il quadro?

   _____

5. Quanti dollari paga Pina per il quadro?

   _____

E. Arithmetic in Italian. Can you solve these problems?

1. Add:

   venti
   + trenta
   _____

   quaranta
   + sessanta
   _____

   ottanta
   + dieci
   _____

2. Subtract:

   quindici
   − cinque
   _____

   dodici
   − undici
   _____

   quattordici
   − uno
   _____

3. Multiply:

   cinque
   × quattro
   _____

   undici
   × otto
   _____

   trenta
   × tre
   _____

4. Divide:

   ottanta
   : quattro
   _____

   sedici
   : due
   _____

   venticinque
   :cinque
   _____

F. **Perchè Maria non chiama la polizia?** To find the answer, trace the picture by following the numbers:

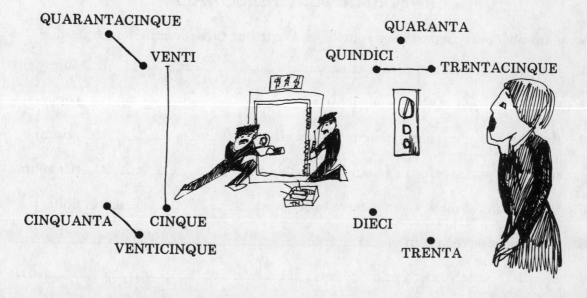

Risposta: Maria _____.

G. Write these numbers in Italian:

1. 16 _____

2. 4 _____

3. 77 _____

4. 83 _____

5. 14 _____

6. 69 _____

7. 47 _____

8. 31 _____

9. 26 _____

10. 98 _____

11. 52 _____

12. 115 _____

13. 13 _____

14. 72 _____

15. 91 _____

INFORMAZIONI PERSONALI

Some numbers are important in our lives. Write out these numbers in Italian:

1. your age: _____ anni.

2. the number of people in your family: _____ persone.

3. the number of students in your Italian class: _____ alunni.

4. the mark you received on your last Italian test: _____ per cento.

5. the amount of money you receive every week: _____ dollari.

6. your address: Abito in via _____

   Numero _____

7. your telephone number: _____

CONVERSAZIONE

DIALOGO

You are looking for a painting at an outdoor art show. You are the second person in this dialog. Write an original response to each dialog line, following the cues provided:

How to Go Places in Italian; the Verb **andare**

1 Can you guess the meanings of these new expressions?

Io vado a piedi.

Noi andiamo in aereo.

Tu vai a casa.

Voi andate al cinema.

Lui va in bicicletta.

Loro vanno alla festa.

Lei va dal medico.

Lei va in macchina.

Loro vanno dal panettiere.

The verb **andare** means *to go*. It's an important verb. It's also irregular. Repeat the forms of **andare.** Memorize them:

io	**vado**	*I go*
tu	**vai**	*you go* (familiar singular)
lui	**va**	*he goes*
lei	**va**	*she goes*
lei	**va**	*you go* (formal singular)
noi	**andiamo**	*we go*
voi	**andate**	*you go* (familiar plural)
loro	**vanno**	*they go*
loro	**vanno**	*you go* (formal plural)

NOTE: **Andiamo!** by itself means *Let's go!*

Attività

A. Complete the sentences with the correct forms of the verb **andare;** then tell what each sentence means:

1. Io non _____ a scuola oggi.

2. Noi _____ a teatro.

3. Chi _____ in Italia?

4. Pina _____ in città.

5. Loro _____ a casa.

6. Noi _____ dal dottore.

7. Le ragazze non _____ a piedi.

8. Mario _____ alla stazione.

9. Voi _____ in bicicletta?

10. Dove _____ tu la domenica?

2 There are many ways to say how to go places in Italian. Here are some of them:

andare a piedi	*to walk, to go on foot*
andare a casa	*to go home*
andare a Napoli	*to go to Naples*
andare al ristorante	*to go to the restaurant*
andare al cinema	*to go to the movies*
andare al mare	*to go to the seashore*
andare alla festa	*to go to the party*
andare alla spiaggia	*to go to the beach*
andare alla stazione	*to go to the station*
andare dal medico	*to go to the doctor('s office)*
andare dal panettiere	*to go to the baker('s shop)*
andare dal preside	*to go to the principal('s office)*
andare in bicicletta	*to go by bicycle*
andare in macchina	
andare in automobile	*to go by car, to drive*
andare in autobus	*to go by bus*
andare in treno	*to go by train*
andare in taxi	*to go by taxi*
andare in aereo	*to go by plane*
andare in banca	*to go to the bank*

REMINDER: Do you remember how the Italian prepositions **a** and **da** behave when they are followed by a definite article? It may be a good idea at this time to review them in Lesson 17.

Attività

B. Using forms of **andare**, describe what you see in the pictures:

1. _____

4. _____

2. _____

5. _____

3. _____

6. _____

7. _____   8. _____

3 Here's a scene taking place at a travel agency. See if you can spot all the forms of **andare:**

SCENA: L'agenzia di viaggi «Il Ponte»

il ponte *the bridge*

PERSONAGGI: Francesco Capra
    Marta Capra, sua moglie
    Elisa, una ragazza di 12 anni
    Susanna, una bambina di 6 anni
    L'impiegata dell'agenzia

la moglie *the wife*

l'impiegata *the employee, clerk*

L'IMPIEGATA: Ah, che sorpresa! Il Signor Capra con tutta la famiglia! Come va? Come andiamo oggi, bambine?

TUTTI: Bene, grazie.

IL SIGNOR CAPRA: Come lei sa, ho tre settimane di vacanze e mia moglie desidera andare in una bella isola.

l'isola *the island*

LA SIGNORA CAPRA: Sì, caro. Andiamo in un posto romantico dove c'è il sole con spiagge incantate, musica e allegria.

il posto *the place*
incantate *enchanted*
  l'allegria *the fun*

L'IMPIEGATA: Perchè non vanno in Sicilia? È un'isola fantastica con paesaggi incantevoli. Qui passato e presente, storia, arte e cultura affascinano il turista.

il paesaggio *the scenery*
  incantevole *enchanting*
il passato *the past*
affascinare *to fascinate*

IL SIGNOR CAPRA: Mi piace l'idea. Mi piace la cucina siciliana. Voglio visitare i templi greci.

greci *Greek*

L'IMPIEGATA: La Sicilia è al centro del Mar
  Mediterraneo. Voi potete fare una bella
  crociera.

ELISA: Io voglio andare a Venezia. Voglio
  andare in gondola.

SUSANNA: Ed io voglio imparare a parlare
  lo spagnolo.

ELISA: Lo spagnolo! Ma sta' zitta, per
  favore!

voi potete fare *you can go on*
la crociera *the cruise*

sta' zitta *be quiet*

Attività

C. Complete the sentences based on the conversation you have just read:

1. «Il Ponte» è un'agenzia di _____.

2. Marta è la _____ di Francesco.

3. Elisa e Susanna sono due _____.

4. Il Signor Capra ha tre settimane di _____.

5. La Signora Capra desidera andare in una _____.

6. La Sicilia è un'isola fantastica con _____.

7. La Sicilia è al centro del _____.

8. Elisa vuole andare a _____ perchè vuole

    andare in _____.

9. Susanna vuole imparare a parlare _____.

4   Look carefully at these sentences from the dialog:

>   **Come va?**   *How are you?*
>   **Come andiamo oggi?**   *How are we doing (feeling) today?*

The verb **andare** is used to express a person's _____.

D. Answer these personal questions:

1. Quando va alla spiaggia lei?

    _____

2. Con chi va al cinema lei?

    _____

3. Perchè va al ristorante lei?

    _____

4. Dove va a comprare i libri lei?

    _____

Attività

E. Express in Italian:

1. We go to the park.

_____ ogni mattina.

2. Are you [familiar singular] going to the party?

_____

3. I'm going with my friends.

_____

4. How is your brother feeling today?

_____

5. Lisa is not going to the airport.

_____

6. Why are we not going by car?

_____

7. We always walk to school.

_____

8. Alfredo and Carolina go to the beach

_____ nel pomeriggio.

9. When do you [formal] go to the doctor?

_____

10. Are you [familiar plural] going to the bank soon?

_____

CONVERSAZIONE

VOCABOLARIO

non c'è male *not bad*
il negozio *the store*

il vestito *the dress*
la moda *the fashion*

DIALOGO

Rearrange the lines of dialog so that they are in logical order. Number the panels in accordance with the right order:

INFORMAZIONI PERSONALI

You have a lot of things to do. Look at the clues and write where you are going:

1. Vado _____

2. _____

3. _____

4. _____

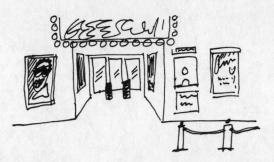

5. _____

6. _____

20 Che cosa vuole lei?

How to Ask for Things in Italian; the Verb
volere

1 Can you guess the meanings of these expressions?

Io voglio una mela.

Noi vogliamo il gelato.

Tu vuoi un filone di pane.

Voi volete un bicchiere di latte.

Lui vuole il formaggio.

Loro vogliono andare in bicicletta.

303

Lei vuole il succo d'arancia.

Lei vuole una dozzina di uova.

Loro vogliono leggere.

Volere is an irregular **-ere** verb. Here are the forms of **volere.** Memorize them:

io	**voglio**	*I want*
tu	**vuoi**	*you want* (familiar singular)
lui	**vuole**	*he wants*
lei	**vuole**	*she wants*
lei	**vuole**	*you want* (formal singular)
noi	**vogliamo**	*we want*
voi	**volete**	*you want* (familiar plural)
loro	**vogliono**	*they want*
loro	**vogliono**	*you want* (formal plural)

Attività

A. Complete the sentences with the correct form of **volere:**

1. Io _____ ballare.

2. Noi _____ cantare.

3. Tu _____ il libro.

4. Lui _____ parlare italiano.

5. Loro _____ il menù.

6. Voi _____ studiare.

7. Paolo e Anna _____ finire i compiti.

8. Lei _____ guardare la televisione.

D. State that the subject of each sentence wants the object shown in the picture:

1. Tu _____ il _____ .

2. Lui _____ una _____ .

3. Lei _____ un _____ .

4. Sofia _____ un _____ di _____ .

5. Noi _____ il _____ .

6. Io _____ una _____ .

7. Loro _____ una _____ .

8. I ragazzi _____ un _____ .

9. Maria _____ un _____ .

10. I miei nonni _____ una _____ .

2   What is a supermarket? Let's find out:

Molti dicono che un supermercato è un mercato grande. È molto di più. Un supermercato è come un gruppo di negozi. Ogni reparto è un negozio diverso. Per esempio, il reparto frutta e verdura è come il negozio del fruttivendolo. Il reparto della carne è come una macelleria. Il reparto del pane è come una panetteria. E il reparto dove ci sono gelati, latte, creme, burro e formaggio è come una latteria. Negli altri reparti ci sono altri generi alimentari.

Nei grandi supermercati vendono anche libri, dischi e indumenti. Nel futuro anche medici, avvocati e barbieri lavoreranno in un supermercato. Chi lo sa?

dicono *say*

il reparto *the section*
  per esempio *for example*
il negozio del fruttivendolo *the fruitstore*
la macelleria *the butcher shop*
la panetteria *the bakery*

la latteria *the dairy*
generi alimentari *groceries*

gli indumenti *the clothes*
lavoreranno *will work*

Attività

C. Complete the sentences:

1. Il supermercato è come un _____ di _____.

2. In un supermercato ci sono molte _____.

3. Nel negozio del fruttivendolo vendono _____

   e _____.

4. In una macelleria vendono _____.

5. Vendono il pane in una _____.

6. Il burro ed il formaggio sono prodotti della _____.

7. Vendono lo zucchero in un negozio di _____.

8. Nei grandi supermercati vendono _____, _____

   e _____.

9. L'uomo che taglia (*cuts*) i capelli è un _____.

10. Un _____ cura (*treats*) i suoi pazienti.

D. Study the picture, then see if you can answer the questions:

1. Che frutta c'è?

   _____

2. In quale reparto sono i polli?

   _____

3. Quali legumi ci sono?

   _____

4. Dove sono le uova?

   _____

5. Quale carne vendono?

   _____

6. Dov'è il pane?

   _____

7. Quanti cartoni di latte ci sono?

   _____

8. Che cos'altro c'è nei cartoni?

   _____

9. In quale reparto sono i pomodori?

   _____

CONVERSAZIONE

VOCABOLARIO

fresca *fresh*
mi dia *give me*
il litro *the liter*

il pezzo *the piece*
Quant'è? *How much is it?*

DIALOGO

You are the vendor in this dialog. Provide the missing dialog lines corresponding to your customer's responses:

INFORMAZIONI PERSONALI

You are organizing a class picnic. Make a list of the things the students plan to bring along:

1. _____   6. _____

2. _____   7. _____

3. _____   8. _____

4. _____   9. _____

5. _____   10. _____

Ripasso V (Lezioni 17-20)

Lezione 17

a. Prepositions:

accanto a⎫ vicino a⎭	*near, next to*	attraverso	*through*
		in	*in*
davanti a	*in front of*	sopra⎫	*above, on*
dietro a	*in back of*	su⎭	
intorno a	*around*	lontano da	*far from*
sotto	*below*		

b. Contractions with Italian prepositions:

	il	lo	l'	la	i	gli	le
a	al	allo	all'	alla	ai	agli	alle
da	dal	dallo	dall'	dalla	dai	dagli	dalle
di	del	dello	dell'	della	dei	degli	delle
in	nel	nello	nell'	nella	nei	negli	nelle
su	sul	sullo	sull'	sulla	sui	sugli	sulle

c. Possession in Italian is expressed by **di** before the possessor or by a contraction of **di** + definite article:

> la madre *di* Elena
> il braccio *del* mostro
> gli studenti *della* classe

d. The partitive "some" or "any" is expressed in Italian by contractions of **di** + definite article:

> **Mi dia *dello* zucchero.**   *Give me some sugar.*
> **Avete *delle* mele?**   *Do you have any apples?*

Lezione 18

30 trenta	40 quaranta	70 settanta
31 trentuno	41 quarantuno	71 settantuno
32 trentadue	48 quarantotto	78 settantotto
33 trentatrè	50 cinquanta	80 ottanta
34 trentaquattro	51 cinquantuno	81 ottantuno
35 trentacinque	58 cinquantotto	88 ottantotto
36 trentasei	60 sessanta	90 novanta
37 trentasette	61 sessantuno	91 novantuno
38 trentotto	68 sessantotto	98 novantotto
39 trentanove		100 cento

Lezione 19

a. The verb **andare** (*to go*) is irregular. Memorize all its forms:

io	vado	noi	andiamo
tu	vai	voi	andate
lui		loro	
lei }	va	}	vanno
lei		loro	

b. The verb **andare** is used in many common expressions. Review them in Lesson 19, page 293.

Lezione 20

The verb **volere** (*to want*) is irregular. Memorize its forms:

io	voglio	noi	vogliamo
tu	vuoi	voi	volete
lui		loro	
lei }	vuole	}	vogliono
lei		loro	

Attività

A. Write the Italian word under the picture you see, then find the word in the puzzle on page 315. The words may be read from left to right, right to left, up or down, or diagonally across:

1. _____   2. _____

3. _____

8. _____

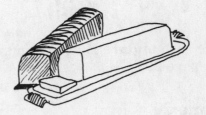

4. _____

9. _____

5. _____

10. _____

6. _____

11. _____

7. _____

12. _____

13. _____

15. _____

14. _____

16. _____

```
U  O  V  A  A  U  A  O  E  O
H  P  E  T  E  O  R  L  N  T
E  N  R  A  C  R  E  L  A  A
T  O  D  C  U  T  P  O  P  L
T  S  U  B  O  A  E  P  E  O
S  S  R  A  T  S  A  P  S  C
I  L  A  T  T  E  T  U  C  C
P  O  M  O  D  O  R  O  E  O
G  E  L  A  T  O  F  L  S  I
O  I  G  G  A  M  R  O  F  C
```

B. Express the numbers in Italian and then put them correctly into the puzzle:

3 letters

2 _____

6 _____

5 letters

7 _____

10 _____

20 _____

100 _____

4 letters

0 _____

8 _____

9 _____

8 letters

15 _____

18 _____

6 letters

5 _____

11 _____

12 _____

16 _____

30 _____

9 letters

32 _____

38 _____

81 _____

7 letters

4 _____

13 _____

21 _____

10 letters

98 _____

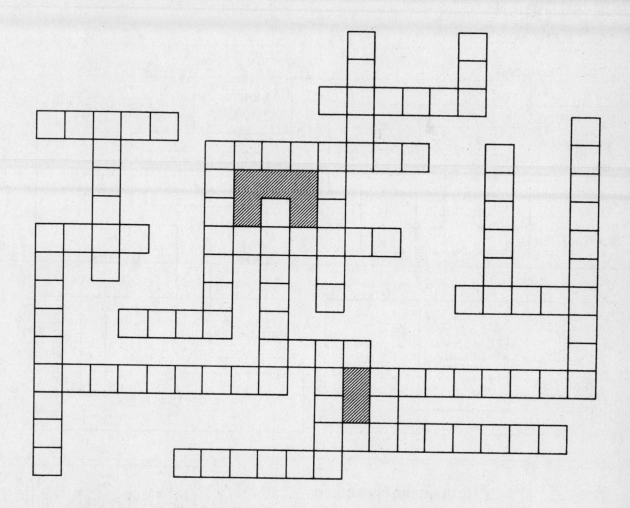

C. **Il labirinto.** Every morning, Pietro leaves his house and walks to school, taking the shortest route. On his way, he passes many places. Trace the shortest way to school, and list the 15 places he passes on the next page:

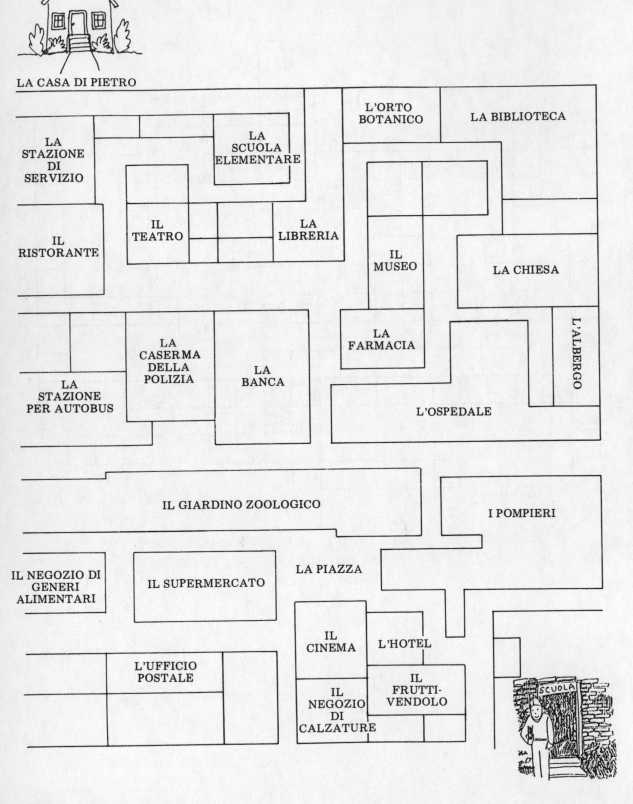

LA CASA DI PIETRO

L'ORTO BOTANICO

LA BIBLIOTECA

LA STAZIONE DI SERVIZIO

LA SCUOLA ELEMENTARE

IL RISTORANTE

IL TEATRO

LA LIBRERIA

IL MUSEO

LA CHIESA

LA FARMACIA

L'ALBERGO

LA CASERMA DELLA POLIZIA

LA BANCA

LA STAZIONE PER AUTOBUS

L'OSPEDALE

IL GIARDINO ZOOLOGICO

I POMPIERI

IL NEGOZIO DI GENERI ALIMENTARI

IL SUPERMERCATO

LA PIAZZA

IL CINEMA

L'HOTEL

L'UFFICIO POSTALE

IL NEGOZIO DI CALZATURE

IL FRUTTI-VENDOLO

SCUOLA

1. _____   9. _____

2. _____   10. _____

3. _____   11. _____

4. _____   12. _____

5. _____   13. _____

6. _____   14. _____

7. _____   15. _____

8. _____

D. Jumble. Unscramble the words. Then unscramble the letters in the circles to find out the message:

G R A M O F O G I ☐ ☐ ☐ ☐ ☐ ⬤ ⬤ ⬤ ☐

A T L A N A S I ⬤ ☐ ☐ ☐ ⬤ ☐ ☐ ⬤

T A R T U F ☐ ⬤ ☐ ☐ ⬤ ☐

L E O T A G ⬤ ☐ ☐ ☐ ☐ ⬤

A Giovanni non piacciono _____.

E. Picture Story. Can you read this story. Much of it is in picture form. Whenever you come to a picture, read it as if it were an Italian word:

Vicino alla della famiglia Santino c'è un

moderno. Ogni Caterina va con la mamma a

le cose necessarie per la . Loro vanno al

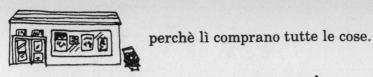 perchè lì comprano tutte le cose.

Prima vanno nel reparto della  per comprare

e 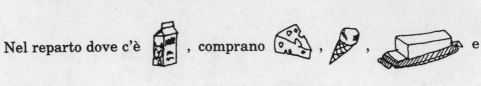. Dopo comprano e .

Nel reparto dove c'è 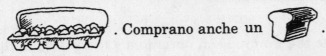 , comprano , ,  e

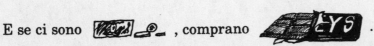 . Comprano anche un .

E se ci sono , comprano 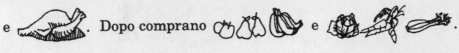 .

Sesta
Parte

21 | Il vestiario

1 Can you guess the meanings of these new words?

il vestiario/gli abiti

il cappello

il cappotto

il vestito da uomo

il vestito da donna

la giacca

la camicetta

la camicia

i pantaloni

la cravatta

i calzini

la borsa

i guanti

la gonna

le calze

la maglia

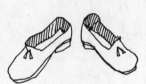

le scarpe

la cintura

il costume da bagno

Attività

A. Roberto has just gotten a job in a clothing store. The boss has asked him to pin labels on the dummies so that the price can be put on later. Can you help him?

LABELS

le calze	la cintura	la maglia
la camicetta	la cravatta	i pantaloni
la camicia	la giacca	le scarpe
il cappello	la gonna	il vestito da donna
il cappotto	i guanti	il vestito da uomo

B. Write the Italian articles of clothing:

1. the bathing suit _____

2. the dress _____

3. the overcoat _____

4. the tie _____

5. the blouse _____

6. the gloves _____

7. the handbag _____

8. the suit _____

9. the belt _____

10. the skirt _____

C. Match the Italian names for the articles of clothing with their equivalents in English. Write the matching letter in the space provided:

1. le scarpe	_____	**a.** the sweater
2. la camicetta	_____	**b.** the handbag
		c. the bathing suit
3. la gonna	_____	**d.** the shirt
4. la cintura	_____	**e.** the hat
		f. the blouse
5. il vestito	_____	**g.** the suit
6. il cappotto	_____	**h.** the pants
		i. the skirt
7. la maglia	_____	**j.** the jacket
8. la camicia	_____	**k.** the belt
		l. the tie
9. la giacca	_____	**m.** the gloves
10. il costume da bagno	_____	**n.** the overcoat
11. il cappello	_____	**o.** the shoes
12. i pantaloni	_____	
13. la cravatta	_____	
14. i guanti	_____	
15. la borsa	_____	

2 Read this conversation and try to answer the questions about it:

ROSINA: Guarda, mamma. Un invito alla festa per il compleanno di Teresina. Adesso devo comprare abiti nuovi.

un invito *an invitation*

LA MAMMA: Ma, bambina mia, tu hai un bel vestito. Non devi comprare niente.

ROSINA: No, mamma. I miei abiti sono vecchi. E questa è una festa importante. Eppoi ci sono tutti i ragazzi!

eppoi *also*

LA MAMMA: Va bene. Domani andiamo in un negozio d'abbigliamento.

il negozio d'abbigliamento *the clothing store*

Nel negozio d'abbigliamento.

LA COMMESSA: Buona sera. Che cosa desiderano?

la commessa *the salesclerk*

LA MAMMA: Mia figlia deve andare ad una festa questo sabato e vogliamo comprare un completo o un vestito.

il completo *the suit*
ultima *latest*

ROSINA: Voglio un vestito all'ultima moda.

LA COMMESSA: Ecco ... le piace questa minigonna con questa camicetta rossa?

ROSINA: Perfetto! E voglio questi guanti rossi, queste scarpe rosse e questo cappello rosso. Mi piace il colore rosso.

LA MAMMA: Oh, Rosina, sei già bella adesso, ma dopo sarai ancora più bella.

già *already*
dopo *afterwards*
   sarai *you will be*

Più tardi a casa Rosina parla al telefono con Teresina.

TERESINA: Certamente, Rosina. Sarà una festa bellissima. Tutti indossiamo abiti vecchi come ai tempi passati.

ROSINA: Oh, no!

sarà *it will be*
indossare *to wear*
i tempi passati *the old days*

Attività

D. Rispondete:

1. Che cosa ha Rosina?

   _____

2. Che cosa vuole comprare Rosina?

   _____

3. Perchè è importante la festa?

   _____

4. Dove compra Rosina la minigonna nuova?

   _____

5. Quando è la festa?

   _____

6. Rosina vuole comprare abiti vecchi?

   _____

7. Di che colore è il cappello che compra Rosina?

   _____

8. Con chi parla Rosina al telefono?

   _____

9. Quali abiti decidono di indossare alla festa?

_____

10. È contenta Rosina adesso?

_____

E. What a mess! Rocco has left his clothes scattered all over his room. Can you help locate them? If you can, complete the sentence below:

1. Una scarpa è sotto il letto.

2. L'altra scarpa è _____.

3. Il cappello è _____.

4. La giacca è _____.

5. La camicia è _____.

6. La cravatta è _____.

7. I pantaloni sono _____.

8. I guanti sono _____.

9. La maglia è _____.

10. La cintura è _____.

F. Identify the object and the color. Use the correct indefinite article. Follow the example:

1. <u>   una gonna azzurra   </u>
(blue)

5.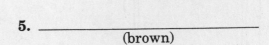
(brown)

2. _____
(white)

6. _____
(black)

3. _____
(gray)

7. _____
(yellow)

4. _____
(green)

8. _____
(red)

CONVERSAZIONE

VOCABOLARIO

il paio *the pair*

DIALOGO

You are the first person in the dialog. Tell the salesman exactly what you are looking for:

INFORMAZIONI PERSONALI

Your relatives have given you $150 as a birthday present. You use the money to buy new clothes. Make a list in Italian of at least eight articles of clothing that you would buy:

1. _____   5. _____

2. _____   6. _____

3. _____   7. _____

4. _____   8. _____

22 | Che tempo fa?

Weather Expressions; the Verb **fare**

1   Che tempo fa? (*How's the weather?*)

È primavera.
Fa bel tempo.

È estate.
Fa caldo.
C'è il sole.

È autunno.
Fa fresco. Tira vento.
Piove./Fa cattivo tempo.

È inverno.
Fa freddo.
Nevica.

Attività

A.   Che tempo fa?

1. _____   2. _____

3. _____

6. _____

4. _____

7. _____

5. _____

8. _____

2 In the story that follows, all the forms of the irregular verb **fare** (*to make, to do*) appear. See if you can find them all:

Quando **fa** molto caldo, io non **faccio** i compiti. I miei amici ed io **facciamo** una passeggiata nel parco. I ragazzi **fanno** una partita di calcio e le ragazze **fanno** delle fotografie. Dopo la partita **facciamo** merenda. E godiamo l'aria fresca.

una passeggiata *a walk*
una partita *a game*
la merenda *the picnic*
godere *to enjoy*

Il giorno dopo il professore domanda: «Marco e Franco, perchè **fate** i compiti in classe? E tu, Anna, che cosa **fai?**» Anna risponde: «Anch'io **faccio** i compiti.» Che cosa **fa** il professore? Peccato! Lui punisce gli alunni.

peccato! *too bad!*

Che tempo fa?   335

Attività

B. Complete the sentences based on the story you have just read:

1. Quando fa caldo, la ragazza non fa _____.

2. I ragazzi fanno _____ nel parco.

3. Nel parco i ragazzi _____ di calcio.

4. Nel parco le ragazze _____.

5. Dopo la partita i ragazzi e le ragazze _____.

6. Il professore domanda a Marco e Franco: _____.

7. Anna risponde: _____.

8. Il professore _____ perchè loro non fanno i compiti a casa.

3 Did you find the forms of the irregular verb **fare** in the story? **Fare** means *to make, to do*. Fill in the proper forms of **fare** for all subjects. Memorize them:

io _____   noi _____

tu _____   voi _____

lui _____   loro _____

lei _____

lei _____   loro _____

Attività

C. Complete the sentences with the correct forms of **fare**:

1. Io _____ il lavoro.

2. Noi _____ molte cose a scuola.

3. Che cosa _____ loro a casa?

4. Mia sorella _____ i compiti tutte le sere.

5. Tu non vuoi _____ niente.

6. Una panetteria _____ il pane.

7. Che cosa _____ un postino?

8. Che cosa _____ tu adesso?

4 Now let's look at some sentences expressing the weather that you saw at the beginning of this lesson. First the question:

Che tempo fa (oggi)?   *How is the weather (today)?*

Now for some answers:

Fa bel tempo.	*The weather is nice.*
Fa caldo.	*It's warm.*
Fa fresco.	*It's cool.*
Fa freddo.	*It's cold.*
Fa cattivo tempo.	*The weather is bad.*

What do these weather expressions have in common? What verb form is used?

_____ What does **fa** mean in English? _____

There are some weather expressions that do not use **fa.** Here are the most common:

C'è il sole.	*It's sunny.*
Tira vento.	*It's windy.*
Nevica.	*It's snowing.*
Piove.	*It's raining.*

Attività

D. Match the following weather expressions with the correct pictures:

Tira vento.	**Fa fresco.**	**Fa bel tempo.**
C'è il sole.	**Fa caldo.**	**Piove.**
Fa freddo.	**Nevica.**	

1. _____   3. _____

2. _____   4. _____

338   *Lezione 22*

5. _____ **7.** _____

6. _____ **8.** _____

E. Ci sono quattro stagioni. In che stagione siamo?

1. Questa stagione è molto bella. Ci sono fiori nei giardini. Tutto è verde. Gli uccelli cantano sugli alberi. La gente incomincia a indossare abiti leggeri in questa stagione. La festa più importante è la Pasqua. Ma ci sono anche la Festa di San Patrizio, la Festa della Mamma ed — attenti! — il Pesce d'Aprile.

   la gente (_the_) _people_
   leggero _light_

   la Pasqua _Easter_

   il Pesce d'Aprile _April Fool's Day_

   Questa stagione è _____.

2. Questa è la stagione preferita da molti bambini perchè non c'è scuola. Ci sono le vacanze estive. Fa molto caldo e c'è molto sole. I bambini vanno alla spiaggia per giocare e nuotare. I giorni sono lunghi e le notti sono corte. Le feste importanti sono la Festa dell'Indipendenza e la Festa del Papà.

   le vacanze estive _the summer vacation_

   corto _short_

   Questa stagione è _____.

3. In questa stagione i bambini sono tristi perchè devono tornare a scuola. Ma anche questa è una bella stagione. Non fa nè molto caldo nè molto freddo. Fa bel tempo. Ci sono molte feste: la Festa del Lavoro, il Giorno della Scoperta dell'America da parte di Cristoforo Colombo, la Vigilia di Tutti i Santi e la Festa del Ringraziamento.

devono *they must*
tornare *return*

nè ... nè *neither ... nor*

la scoperta *the discovery*
la Vigilia di Tutti i Santi *Halloween*
il ringraziamento *the thanksgiving*

Questa stagione è _____.

4. Le piace il freddo? Durante questa stagione nevica e fa molto freddo. La gente indossa sciarpa, guanti e cappotto all'aperto. Le notti sono lunghe e i giorni sono corti. Però ci sono molte feste popolari. Ci sono il Natale, l'Anno Nuovo, l'Anniversario della Nascita di Abramo Lincoln, l'Anniversario della Nascita di Giorgio Washington e la Festa di San Valentino.

la sciarpa *the scarf*
all'aperto *outdoors*

il Natale *Christmas*
l'anniversario della nascita *the birthday*

Questa stagione è _____.

F. Which holidays are suggested by these pictures? Write your answer below each picture, choosing it from the following list:

l'Anno Nuovo
l'Anniversario della Nascita di Washington
l'Anniversario della Nascita di Lincoln
la Festa del Ringraziamento
la Festa dell'Indipendenza
la Festa della Scoperta dell'America

la Festa della Mamma
la Festa del Papà
il Pesce d'Aprile
la Festa di San Patrizio
la Festa di San Valentino
il Natale
la Pasqua
la Vigilia di Tutti i Santi

1. _____ _____   2. _____

3. _____

7. _____

4. _____

8. _____

9. _____

5. _____

6. _____

10. _____

11. _____ **13.** _____

12. _____ **14.** _____

INFORMAZIONI PERSONALI

Pick your favorite season and write a five-sentence composition about it using the following cues:

The season you like.
The weather during the season.
The holidays during the season.
The things you like to do or have to do during the season.

_____

_____

_____

_____

_____

_____

CONVERSAZIONE

VOCABOLARIO

anche a me *me too*

il mare *the ocean, the beach*

DIALOGO

You are the first person in the following dialog, the one asking all the questions:

Gli animali

The Verb **dire**

1 Can you guess the meanings of these words?

il cane

il gatto

il gattino

il cagnolino

il cavallo

l'asino

la mucca

il toro

la pecora

il maiale

il coniglio

il topo

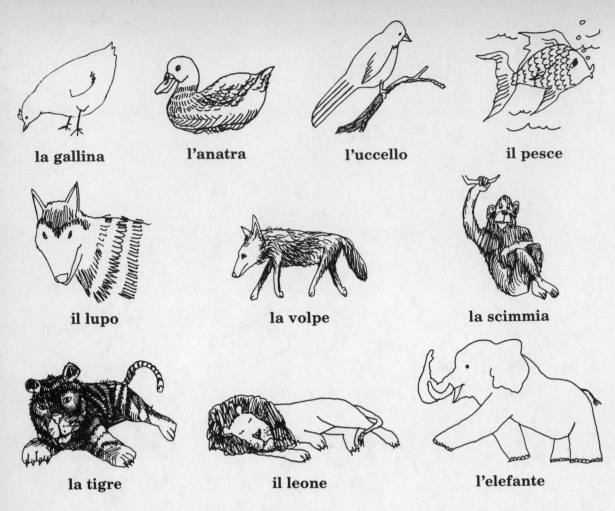

la gallina **l'anatra** **l'uccello** **il pesce**

il lupo **la volpe** **la scimmia**

la tigre **il leone** **l'elefante**

Attività

A. Identify. Use the correct definite article:

1. _____

3. _____

2. _____

4. _____

5. _____

11. _____

6. _____

12. _____

7. _____

13. _____

8. _____

14. _____

9. _____

15. _____

10. _____

16. _____

B. List the animals in their proper surroundings:

_____

_____

_____

_____

_____

_____

_____

_____

_____

_____

_____

_____

_____

_____

_____

_____

_____

_____

_____

2 Enjoy this story about the world of animals:

Non siamo soli in questo mondo. Viviamo con molti animali diversi. Gli animali più comuni sono gli animali domestici come il cane od il gatto. Sono animali utili.

utile *useful*

Il gatto vive in casa con noi e mangia i topi. Il cane è nostro amico e guarda la casa.

Se viviamo in città non abbiamo l'occasione di vedere altri animali utili. La mucca ci dà il latte, la gallina ci dà le uova. Con la carne di maiale facciamo il prosciutto e le salsicce; con la carne di mucca facciamo le bistecche.

ci dà *gives us*

la salsiccia *the sausage*

Ci sono altri animali che vivono liberi o che sono al giardino zoologico. Questi sono animali selvatici, come la tigre, il leone, il lupo e la volpe. La tigre e il leone sono della famiglia del gatto. Il lupo e la volpe sono della famiglia del cane.

libero *free*

selvatico *wild*

Ha un lupo in casa lei? No? Ha forse una tigre? Attenzione!

Attività

C. Complete the sentences:

1. In questo mondo viviamo con molti _____.

2. _____ e _____ sono animali domestici.

3. Il gatto mangia _____.

4. Il cane è nostro _____.

5. La mucca ci dà _____.

6. La gallina ci dà _____.

7. Con la carne di maiale facciamo _____ e

   _____.

8. Con la carne di mucca facciamo _____.

9. Il leone è un animale _____.

10. Il lupo, la volpe ed il _____ sono della stessa famiglia.

D. Chi sono io? Now that you know the Italian names of many important animals, let's see if you can figure out who they are by their descriptions:

1. Sono un animale di campagna. Mangio l'erba. Sono grande e veloce. Molte persone mi usano per il trasporto. Corro veloce come il vento.

   la campagna *the country (side)*
   l'erba *the grass*

   veloce *fast*

   Sono _____.

2. Sono molto piccolo. Mangio la carne. Il mio papà è il migliore amico dell'uomo. Non mi piacciono i gatti.

   migliore *best*

   Sono _____.

3. Sono grande e stupida. Vivo nella fattoria. Mangio l'erba tutto il giorno. Dò il latte.

   la fattoria *the farm*
   dò *I give*

   Sono _____.

4. Sono un animale selvatico. Sono come un cane. Mangio la carne. Quando la gente mi vede, scappa per la paura.

   scappare *to escape*

   Sono _____.

5. Sono l'animale più grande del mondo. Non sono feroce. Mangio l'erba. Ho un naso molto lungo e lo uso come una mano.

   Sono _____.

6. Vivo nelle case della gente. Vivo anche nelle strade. Non mi piacciono i cani. Mangio i topi.

   Sono _____.

7. Sono un animale acquatico (vivo nell'acqua). So nuotare molto bene, ma non so parlare. La mia carne è buona da mangiare.

   Sono _____.

8. Abito in campagna. Sono della famiglia degli uccelli. Faccio le uova.

Sono _____.

9. Sono un animale molto grosso. Tutti dicono che sono sporco. Fanno diversi cibi con la mia carne.

sporco *dirty*

Sono _____.

10. Sono un animale intelligente. Vivo sugli alberi. Sono al giardino zoologico e lavoro al circo.

il circo *the circus*

Sono _____.

E. La fattoria di Marco: Can you name all the animals on Marco's farm? Start each sentence with **Io vedo**:

1. _____   6. _____

2. _____   7. _____

3. _____   8. _____

4. _____   9. _____

5. _____

F. Find the hidden animals. There are 10 animals hidden in the picture. List their Italian names below. Use definite articles:

1. _____

2. _____

3. _____

4. _____

5. _____

6. _____

7. _____

8. _____

9. _____

10. _____

3 Here is our final irregular verb, **dire** (*to say, to tell*):

io	**dico**	*I say, I am saying* *I tell, I am telling*
tu	**dici**	*you say, you are saying* (familiar singular) *you tell, you are telling* (familiar singular)
lui	**dice**	*he says, he is saying* *he tells, he is telling*
lei	**dice**	*she says, she is saying* *she tells, she is telling*
lei	**dice**	*you say, you are saying* (formal singular) *you tell, you are telling* (formal singular)
noi	**diciamo**	*we say, we are saying* *we tell, we are telling*
voi	**dite**	*you say, you are saying* (familiar plural) *you tell, you are telling* (familiar plural)
loro	**dicono**	*they say, they are saying* *they tell, they are telling*
loro	**dicono**	*you say, you are saying* (formal plural) *you tell, you are telling* (formal plural)

As you can see, the forms of **dire** do not follow the regular **-ire** verbs you learned in Lesson 10. The endings are regular, but watch for that **c!**

Attività

G. Complete the sentences with the correct form of **dire:**

1. Io _____ sempre la verità.

2. La radio _____ che domani piove.

3. Che cosa _____ i suoi genitori?

4. Noi _____ che non vogliamo partire.

5. Maria _____ che abbiamo tempo.

6. Perchè non _____ che non sai parlare inglese?

7. Paolo e gli amici _____ al professore che l'esame è molto difficile.

8. Voi _____ che oggi è lunedì?

H. Rispondete:

1. Qual è il suo animale preferito?

   _____

2. Quale animale non le piace?

   _____

3. Quale animale è stupido?

   _____

4. Quale animale è intelligente?

   _____

5. Quale animale produce latte?

   _____

INFORMAZIONI PERSONALI

Animals share our world with us. Write the Italian names for:

1. five animals you have seen in the zoo.

   _____

2. two animals that live with people.

   _____

3. five animals that can be found on a farm.

   _____

CONVERSAZIONE

VOCABOLARIO

Chissà! *Who knows!*
Ma va! *Come on!*

non posso *I can't*
lasciare *to leave*

DIALOGO

Complete the dialog with suitable expressions chosen from the following list:

Andiamo alla spiaggia.
No. Viviamo in un appartamento piccolo.
Abbiamo una mucca ed un cavallo.
C'è molto da fare e da vedere.
Sì. Studiamo e giochiamo insieme.
Andiamo a ballare tutti i sabati.

24 Il mondo è piccolo

Countries, Nationalities, Languages

1   Learn the names of these countries, nationalities, and languages:

PAESE	NAZIONALITÀ	LINGUA
Vengo dal **Brasile**.	Sono { **brasiliano.** / **brasiliana.**	Parlo **portoghese**.
Vengo dal **Canadà**.	Sono **canadese**.	Parlo **inglese** e **francese**.
Vengo dalla **Cina**.	Sono **cinese**.	Parlo **cinese**.
Vengo da **Cuba**.	Sono { **cubano.** / **cubana.**	Parlo **spagnolo**.
Vengo dalla **Francia**.	Sono **francese**.	Parlo **francese**.
Vengo dalla **Germania**.	Sono { **tedesco.** / **tedesca.**	Parlo **tedesco**.
Vengo dal **Giappone**.	Sono **giapponese**.	Parlo **giapponese**.
Vengo dall'**Inghilterra**.	Sono **inglese**.	Parlo **inglese**.
Vengo dall'**Italia**.	Sono { **italiano.** / **italiana.**	Parlo **italiano**.
Vengo dal **Messico**.	Sono { **messicano.** / **messicana.**	Parlo **spagnolo**.
Vengo dal **Portogallo**.	Sono **portoghese**.	Parlo **portoghese**.
Vengo dal **Portorico**.	Sono { **portoricano.** / **portoricana.**	Parlo **spagnolo**.
Vengo dalla **Russia**.	Sono { **russo.** / **russa.**	Parlo **russo**.
Vengo dalla **Spagna**.	Sono { **spagnolo.** / **spagnola.**	Parlo **spagnolo**.
Vengo dagli **Stati Uniti**.	Sono { **americano.** / **americana.**	Parlo **inglese**.
Vengo dalla **Svizzera**.	Sono { **svizzero.** / **svizzera.**	Parlo **italiano**, **francese** e **tedesco**.

Il mondo è piccolo — it's a small world. Even so, it has many countries, and many languages are spoken in them. Sometimes the names of the nationality and the language are the same or similar:

$$\left.\begin{array}{l}\textbf{un ragazzo italiano}\\\textbf{una ragazza italiana}\end{array}\right\}\ \textbf{Parlano italiano.}$$

Sometimes they are different:

$$\left.\begin{array}{l}\textbf{un signore canadese}\\\textbf{una signora canadese}\end{array}\right\}\ \textbf{Parlano inglese.}$$

REMEMBER: The name of the country is always capitalized, BUT the nationality and the language are always written with small letters.

Attività

A. Match the countries and their languages. Write the matching letters in the spaces provided:

PAESI		LINGUE
1. Argentina _____		a. il tedesco
		b. il cinese
2. Cuba _____		c. lo spagnolo
3. Canadà _____		d. il francese
4. Australia _____		e. l'inglese
		f. l'italiano
5. Francia _____		g. il portoghese
6. Portorico _____		h. il russo
7. Brasile _____		i. l'italiano, il francese, il tedesco
8. Spagna _____		
9. Portogallo _____		
10. Germania _____		
11. Italia _____		
12. Russia _____		
13. Cina _____		
14. Inghilterra _____		
15. Svizzera _____		

2 Read the following passage and see if you can answer the questions that follow:

Nel mondo ci sono molti paesi e molte lingue.
Lo sai che ci sono più di tremila lingue nel
mondo?

lo sai? *do you know?*
tremila *three thousand*

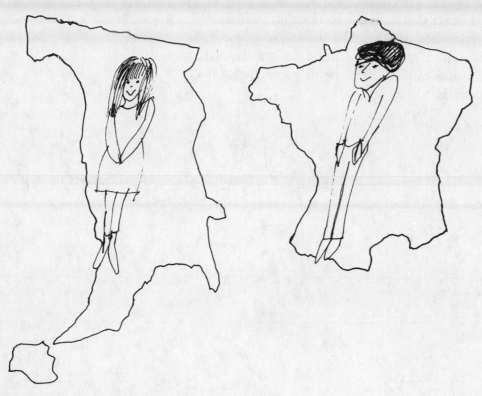

Generalmente ogni paese ha una lingua
ufficiale. Per esempio, in Italia è l'italiano;
in Francia è il francese; in Spagna è lo
spagnolo; in Inghilterra è l'inglese.

Ma molti paesi hanno due o più lingue ufficiali. In Svizzera, per esempio, parlano tedesco, italiano e francese. In Canadà le due lingue ufficiali sono l'inglese ed il francese.

Negli Stati Uniti, anche se la lingua ufficiale è l'inglese, la gente parla diverse lingue. Gli Stati Uniti sono un mondo in miniatura perchè qui ci sono persone da quasi tutte le parti della terra.

anche se *even though*

la terra *the earth*

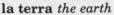

È bello ed utile conoscere le lingue! Saper parlare più d'una lingua è saper comunicare con gli altri. Chi parla più d'una lingua può meglio capire ed apprezzare il modo di vivere degli altri.

meglio *better*
apprezzare *to appreciate*

Attività

B. Rispondete:

1. Quante lingue ci sono nel mondo?

_____

2. Generalmente quante lingue ufficiali ha ogni paese?

_____

3. Quali sono le lingue ufficiali della Svizzera?

_____

4. Quali sono le lingue ufficiali del Canadà?

_____

5. Perchè gli Stati Uniti sono un mondo in miniatura?

_____

6. Chi può meglio capire il modo di vivere degli altri?

_____

C. Complete the sentences beside the pictures, indicating the country we're in, the people living there, and the language or languages spoken:

1. Siamo in _____.

Qui vivono gli _____.

Parlano _____.

2. Siamo in _____.

Qui vivono gli _____.

Parlano _____.

3. Siamo in _____.

Qui vivono i _____.

Parlano _____.

4. Siamo in _____.

Qui vivono gli _____.

Parlano _____.

5. Siamo in _____.

Qui vivono i _____.

Parlano _____.

6. Siamo in _____.

Qui vivono gli _____.

Parlano _____.

7. Siamo in _____.

Qui vivono i _____.

Parlano _____.

8. Siamo in _____.

Qui vivono gli _____.

Parlano _____.

9. Siamo in _____.

Qui vivono i _____.

Parlano _____.

10. Siamo in _____.

Qui vivono i _____.

Parlano _____.

362   *Lezione 24*

CONVERSAZIONE

VOCABOLARIO

sanno? *do you know?*
l'edificio *the building*

l'ambasciatore *the ambassador*
l'ONU *the UN*

DIALOGO

You are the second person in the dialog. Complete it with suitable responses:

INFORMAZIONI PERSONALI

You have just won a free trip to anywhere in the world. Congratulations! List in order of preference the five countries you would most like to visit and the language(s) spoken in each country. **Buon viaggio!**

Example: Io vorrei (*I'd like to*) visitare la Cina. Parlano cinese in Cina.

1. _____

2. _____

3. _____

4. _____

5. _____

Ripasso VI (Lezioni 21-24)

Lezione 21

Adjectives of color, like all adjectives, follow the noun and agree with the noun in number and gender:

il cappell*o* ross*o*	la gonn*a* azzurr*a*
i cappell*i* ross*i*	le gonn*e* azzurr*e*

Lezione 22

a. The verb **fare** (*to do, to make*) is irregular. Memorize all its forms:

io	faccio	noi	facciamo
tu	fai	voi	fate
lui		loro	
lei	fa	loro	fanno
lei			

b. **Fare** is used in many Italian weather expressions:

Che tempo fa?	*How is the weather?*
Fa bel tempo.	*The weather is nice.*
Fa cattivo tempo.	*The weather is bad.*
Fa (molto) caldo.	*It's (very) warm.*
Fa (molto) freddo.	*It's (very) cold.*
Fa fresco.	*It's cool.*

c. Some weather expressions do not use **fa:**

C'è il sole.	*It's sunny.*
Tira vento.	*It's windy.*
Piove.	*It's raining.*
Nevica.	*It's snowing.*

Lezione 23

The verb **dire** (*to say, to tell*) is irregular. Memorize all its forms:

io	dico	noi	diciamo
tu	dici	voi	dite
lui		loro	
lei	dice	loro	dicono
lei			

Lezione 24

a. Adjectives of nationality, like other adjectives, follow the noun and agree with the noun in number and gender:

il ragazzo italiano   la ragazza messicana
i ragazzi italiani   le ragazze messicane

il giornale inglese   la bandiera canadese
i giornali inglesi   le bandiere canadesi

b. Adjectives of nationality and names of languages are not capitalized in Italian.

Attività

A. Che tempo fa? Underline the correct description for each picture. Some pictures may have more than one correct description:

1. Fa fresco.
Fa freddo.
Fa bel tempo.

4. Fa fresco.
Fa molto freddo.
Piove.

7. Nevica.
Fa caldo.
Fa freddo.

2. Fa cattivo tempo.
Piove.
C'è il sole.

5. Fa cattivo tempo.
Fa molto freddo.
Fa fresco.

8. Fa molto freddo.
Fa molto caldo.
Fa fresco.

3. Piove.
Fa bel tempo.
Fa molto freddo.

6. C'è il sole.
Fa caldo.
Fa bel tempo.

9. Fa molto caldo.
Fa freddo.
Fa fresco.

B. Cruciverba. Here are 14 animals. Can you place their Italian names in the correct slots in the puzzle?

ACROSS

4.

12.

7.

13.

8.

14.

9.

DOWN

1.

7.

2.

8.

3.

10.

5.

11.

6.

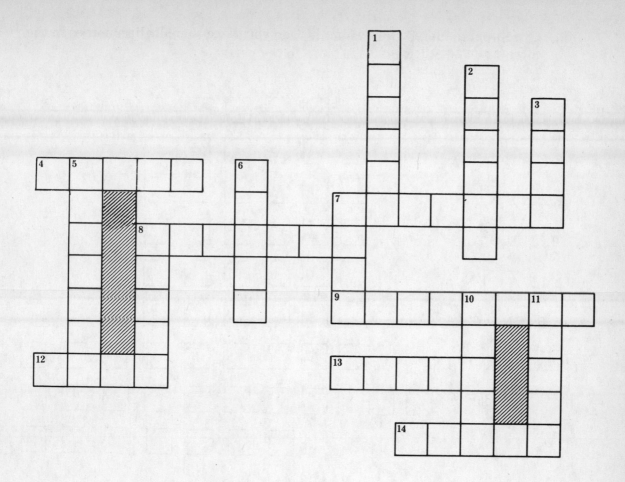

C. There are 15 articles of clothing hidden in the puzzle. Circle them. The words may be read from left to right, right to left, up or down, or diagonally across:

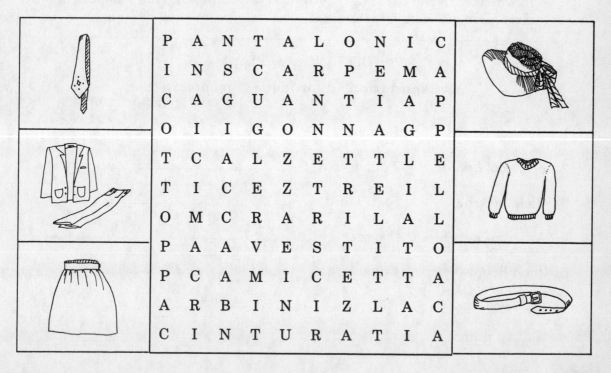

```
P  A  N  T  A  L  O  N  I  C
I  N  S  C  A  R  P  E  M  A
C  A  G  U  A  N  T  I  A  P
O  I  I  G  O  N  N  A  G  P
T  C  A  L  Z  E  T  T  L  E
T  I  C  E  Z  T  R  E  I  L
O  M  C  R  A  R  I  L  A  L
P  A  A  V  E  S  T  I  T  O
P  C  A  M  I  C  E  T  T  A
A  R  B  I  N  I  Z  L  A  C
C  I  N  T  U  R  A  T  I  A
```

D. Clothing Jumble. Unscramble the words. Then unscramble the letters in the circles to find out what Sofia wore to the party:

B R A S O □ ○ ○ □ □

E Z A C L □ □ ○ ○ ○

P E R S A C □ □ ○ □ ○ □

T I N U G A □ ○ □ ○ □ □

L I Z A C I N ○ □ ○ □ □ □

C R U N A T I □ □ □ □ ○ ○ □

T A N N A P I L O ○ □ □ □ ○ □ ○ □ □

Solution: □ □   □ □ □ □ □ □ □ □

□ □ □ □ □ □ □

E. Giovanni is an export manager at the Via Appia Company. He is sending catalogs to several important customers. The company prints its catalogs in different languages. Here's a list of Giovanni's customers and the country in which each one lives. Each will receive a catalog, but in which language? Help Giovanni complete the list:

DITTA VIA APPIA

Esportazione di prodotti alimentari

	CLIENTE	PAESE	LINGUA
1.	Helmut Kraus	Germania	_____
2.	François LaMer	Francia	_____
3.	Rick Jackson	Stati Uniti	_____
4.	Antonio Serrano	Spagna	_____
5.	Jean Bruges	Canadà	_____
6.	Ito Tajo	Giappone	_____
7.	Franco Ballo	Italia	_____

8. David Cantrell   Inghilterra   _____

9. R. Fong   Cina   _____

10. Ivan Petroff   Russia   _____

F. Picture Story. Can you read this story? Whenever you come to a picture, read it as if it were an Italian word:

In molti paesi del [globe] ci sono quattro stagioni: la [autumn scene],

l' [summer/swimming] , l' [fall/tree] e l' [winter/snowman] . Gli [clothing] che usiamo

dipendono dalla stagione. Quando fa [cold] , indossiamo un [coat] ,

una [sweater] o una [jacket] . Quando fa [hot sun] , non indossiamo

molti vestiti. I [men] portano una [shirt] e le [women]

portano una [blouse] . In molti paesi tropicali non fa mai [cold] ;

c'è sempre il [sun] . Ci sono [flowers] tropicali,

e brezze dell' [ocean] . Le [beaches] sono magnifiche e la gente

va a nuotare in [swimsuits] . Andiamo a prendere il prossimo

per andare in una [island] tropicale!

Achievement Test II (Lessons 13–24)

1   Vocabulary [15 points]

1. _____

2. _____

3. _____

4. _____

5. _____

6. _____

7. _____

8. _____

9. _____

10. _____

11. _____

12. _____

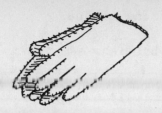  

13. _____ **14.** _____ **15.** _____

2 Irregular verbs [20 points]

Complete each sentence with the correct form of the verb:

1. (avere)   Io _____ fame.

2. (avere)   _____ freddo lei?

3. (avere)   La mano _____ cinque dita.

4. (andare)   Maria _____ a scuola.

5. (andare)   Noi _____ al cinema.

6. (andare)   Dove _____ tu domani?

7. (volere)   Tu _____ molte cose impossibili.

8. (volere)   I miei genitori _____ parlare con il professore.

9. (volere)   Io non _____ mangiare adesso.

10. (fare)   _____ molto caldo ai tropici.

11. (fare)   Che tempo _____?

12. (fare)   Io _____ i compiti in classe.

13. (dire)   Io _____ sempre la verità.

14. (dire)   La radio _____ che piove.

15. (dire)   Noi _____ che oggi è lunedì.

16. (piacere) Ai miei amici non _____ il mio cane.

17. (piacere) Mi _____ la ragazza.

18. (piacere) Non ti _____ i fiori?

19. (piacere)   Ci _____ molto la cucina italiana.

20. (piacere)   A Maria non _____ ballare.

3 Che ora è? [10 points]

1. È l' _____ .

2. Sono le _____ e _____ .

3. Sono le _____ e _____ .

4. Sono le _____ meno _____ .

5. È _____ .

6. Sono le _____ e _____.

7. Sono le _____ meno _____.

8. Sono le _____ meno _____.

9. Sono le _____ e _____.

10. Sono le _____ e _____.

4 Contractions [10 points]

Complete the sentences with the correct Italian contraction of the preposition and article:

1. (in the) Ci sono due uccelli _____ albero.

2. (around the) _____ casa ci sono molti fiori.

3. (in front of the) C'è un poliziotto _____ scuola.

4. (through the) La ragazza guarda _____ finestra.

5. (near the) Carlo abita _____ parco.

6. (behind the) _____ casa c'è un'altra via.

7. (far from) Il supermercato non è _____ nostra casa.

8. (on the) C'è un gatto _____ tetto.

9. (next to the) _____ chiesa c'è un albero grande.

10. (under the) _____ albero c'è una bicicletta.

5 Che tempo fa? [10 points]

1. _____

3. _____

2. _____

4. _____

5. _____

8. _____

6. _____

9. _____

7. _____

10. _____

6 Numbers [10 points]

1. (16) _____ case

2. (21) _____ cappelli

3. (30) _____ alunni

4. (53) _____ finestre

5. (66) _____ dollari

6. (88) _____ alberi

7. (95) _____ ragazzi

8. (19) _____ macchine

9. (78) _____ animali

10. (100) _____ donne

7 Possessive adjectives [10 points]

Choose the correct word and write it in the blank:

1. _____ amici (nostri, i nostri, nostra, nostre)

2. _____ libro (il suo, sua, la sua, suo)

3. _____ sorella (mia, mio, i miei, la mia)

4. _____ zie (le tue, i tuoi, tue, tuoi)

5. _____ giornali (le mie, miei, i miei, mie)

6. _____ famiglia (vostro, vostra, il vostro, la vostra)

7. _____ casa (il loro, le loro, i loro, la loro)

8. _____ padre (tua, il tuo, tuo, la tua)

9. _____ professoressa (la nostra, il nostro, nostra, nostre)

10. _____ genitori (la loro, loro, i loro, le loro)

8 Expressions [5 points]

Answer in complete sentences:

1. Quanti anni ha lei?

_____

2. Che tempo fa oggi?

_____

3. Che ora è?

_____

4. Ha freddo in estate lei?

_____

5. Quali sono le lingue ufficiali delle Nazioni Unite?

_____

9 Reading comprehension [5 points]

Paolo entra in un ristorante. Ha fame, ha molta fame. Guarda l'orologio. Sono le tre del pomeriggio. Fa molto freddo. È il ventiquattro dicembre e la neve copre tutta la città.

Paolo dice al cameriere: «Vorrei mangiare subito. Devo comprare molte cose. C'è la bistecca con patatine fritte?» Il cameriere risponde: «Mi dispiace, signore, ma le bistecche sono finite. Però abbiamo l'arrosto di pollo che è squisito (_delicious_).» «Va bene,» dice Paolo. «Vorrei del pollo con insalata e un brodo caldo perchè ho freddo.»

«Molto bene, signore,» risponde il cameriere. «Vuole un caffè?»

«No, grazie, non voglio altro,» risponde Paolo.

Choose the correct answer by circling the appropriate letter:

1. Che ora è quando Paolo entra nel ristorante?

(a) Sono le due e mezzo.   (b) Sono le tre.   (c) Sono le quattro meno tre minuti.   (d) È l'una e cinque.

2. Perchè vuole mangiare subito?

(a) Ha freddo.   (b) Ha fame.   (c) Ha caldo.   (d) Deve comprare molte cose.

3. Che cosa vuole mangiare Paolo?

(a) carne   (b) frutta   (c) gelato   (d) solo patatine fritte

4. Perchè vuole un brodo caldo?

(a) Non c'è il caffè.   (b) Vuole mangiare subito.   (c) Ha molto freddo. (d) Non ha fame.

5. Quando è Natale?

(a) Il venticinque dicembre.   (b) Il quindici dicembre.   (c) Il venti gennaio.   (d) Il cinque febbraio.

10 Slot completion [5 points]

Underline the expression that best completes the sentence:

È mezzogiorno. Gianni ha __(1)__. Desidera mangiare qualcosa. Va in __(2)__ per preparare un tramezzino. Prende carne e __(3)__. Per dolce prende __(4)__. Quando ha sete Gianni beve __(5)__. È un bravo ragazzo indipendente.

1. (a) freddo
   (b) fame
   (c) paura
   (d) sonno
2. (a) cucina
   (b) salotto
   (c) bagno
   (d) specchio
3. (a) gelato
   (b) soldi
   (c) patate
   (d) formaggio
4. (a) della minestra
   (b) dell'acqua
   (c) della torta
   (d) del pesce
5. (a) verdure
   (b) soldi
   (c) latte
   (d) insalata

Vocabolario italiano-inglese

A

a, ad at, in, to
abbigliamento (l') clothes; **negozio d'abbigliamento (il, i)** clothing store
abitare to live
abito (l', gli) suit, dress; **abiti** (*pl*) clothes
accanto (a) near, next to
accompagnare to accompany
aceto (l') vinegar
acqua (l', le) water
adesso now
adorare to adore
aereo (l', gli) airplane
aeroporto (l', gli) airport
agente di polizia (l', gli) police officer
agosto August
aiutare to help
albergo (l', gli) hotel
albero (l', gli) tree
allegro happy, cheerful
allora now; **e allora** well then
altro other
alunna (l', le) student
alunno (l', gli) student
amare to love
ambulanza (l', le) ambulance
americano American
amica (l', le) friend
amico (l', gli) friend
amore (l') love
ananas (l', gli) pineapple
anatra (l', le) duck
anche also, too
andare to go; **come va?** how are you?, **come andiamo?** how are we doing?
animale (l', gli) animal
anno (l', gli) year; **avere__ anni** to be__years old
annuale annual
antipasto (l', gli) appetizer
aperto open; **all'aperto** outdoors
appartamento (l', gli) apartment
appetito (l') appetite
applaudire to applaud

appuntamento (l', gli) date
aprile April
aprire to open
arabo Arab; **arabo (l')** Arabic (language)
arancia (l', le) orange
arancione orange
aria (l', le) air
armadio (l', gli) closet
arrivare to arrive
arrivederci goodbye, so long
arrosto (l') roast
arte (l', le) art; **opera d'arte (l', le)** masterpiece
artificiale artificial
artista (l', gli) artist
ascoltare to listen
asino (l', gli) donkey
aspettare to wait
aspirina (l', le) aspirin
assistente (l', gli/le) assistant
attento attentive; **stare attento** to pay attention
attività (l', le) activity, exercise
attore (l', gli) actor
attraverso through
attrice (l', le) actress
autobus (l', gli) bus
automobile (l', le) car
autunno (l', gli) autumn
avere to have
avvocatessa (l', le) lawyer
avvocato (l', gli) lawyer
azzurro blue

B

bagno (il, i) bathroom
balcone (il, i) balcony
ballare to dance
ballo (il, i) dance, ball; **ballo in maschera** costume ball
bambina (la, le) (baby) girl
bambino (il, i) (baby) boy
banana (la, le) banana
banca (la, le) bank
banco (il, i) desk
bandiera (la, le) flag
barbiere (il, i) barber
baritono (il, i) baritone
basso (il, i) bass

bello beautiful, nice, pretty
bene well, fine; **va bene!** OK, all right; **andare bene** to work (*mechanism*); **stare bene** to be well
benissimo very well
bere to drink
bianco white
biblioteca (la, le) library
bicchiere (il, i) glass
bicicletta (la, le) bicycle; **andare in bicicletta** to go by bicycle
bisogno (il, i) need; **avere bisogno di** to need
bistecca (la, le) steak
bocca (la, le) mouth
borsa (la, le) (hand)bag, pocketbook
botanico botanical
braccio (il, le) arm
bravo good
Brasile (il) Brazil
brasiliano Brazilian
brezza (la, le) breeze
brodo (il, i) broth
bruno brown, dark-haired
brutto ugly
buono good; delicious
burro (il, i) butter

C

caffè (il, i) coffee
cagnolino (il, i) puppy
calcio (il) soccer
caldo warm, hot; **avere caldo** to be hot, warm; **fare caldo** to be hot, warm (weather)
calzature: negozio di calzature (il, i) shoe store
calza (la, le) stocking
calzino (il, i) sock
camera (la, le) room; **camera da letto** bedroom
cameriera (la, le) waitress
cameriere (il, i) waiter
camicetta (la, le) blouse
camicia (la, le) shirt
camminare to walk

canadese Canadian

cancellino (il, i) (blackboard) eraser

candidato (il, i) candidate

cane (il, i) dog

cannone (il, i) cannon

cantare to sing

canzone (la, le) song

capelli (i) (*pl*) hair

capire to understand

capitale (la, le) capital

cappello (il, i) hat

cappotto (il, i) coat, overcoat

carne (la, le) meat

carnevale (il) carnival

caro dear, darling

cartone (il, i) carton

casa (la, le) house

caserma della polizia (la, le) police station

cattedra (la, le) (teacher's) desk

cattedrale (la, le) cathedral

cattivo bad; fare cattivo tempo to be bad weather

cavallo (il, i) horse

celebrare to celebrate

cemento (il) cement

cena (la, le) supper

centesimo (il, i) cent, penny

centro (il, i) center

certamente of course, certainly

che what, who, that

chi who?, whom?

chiamarsi to be named, to be called; mi chiamo my name is; si chiama his/her name is; come si chiama? what is his/her/your name?

chiesa (la, le) church

chiudere to close

ciao hi!

cibo (il, i) food

cielo (il, i) sky

ciliegia (la, le) cherry

Cina (la) China

cinese Chinese; cinese (il) Chinese (language)

cintura (la, le) belt

cioccolatino (il, i) chocolate candy

cioccolato (il) chocolate

cipolla (la, le) onion

città (la, le) city

classe (la, le) classroom

cliente (il, i) customer

colazione (la, le) breakfast

collo (il, i) neck

colore (il, i) color

combinazione (la, le) combination

come like, as, how; come stai? how are you?

cominciare to begin, to start

compagnia (la, le) company

compiti (i) (*pl*) homework

compleanno (il, i) birthday

comprare to buy

comprendere to understand

comunicare to communicate

con with

concerto (il, i) concert

coniglio (il, i) rabbit

conservare to preserve

consumare to consume

contento happy, content

coprire to cover

corpo (il, i) body

correre to run

correttamente correctly

corto short

cosa (la, le) thing; che cosa hai? what's the matter with you?

così so; così così so-so

costume (il, i) costume; costume da bagno bathing suit

cravatta (la, le) tie

credere to think, to believe

criminale (il, i) criminal

cubano Cuban

cucina (la, le) kitchen, cooking, cuisine

cucinare to cook

cuoco (il, i) cook, chef

cuore (il, i) heart

curare to cure, to treat

D

da from

dare to give

data (la, le) date

davanti (a) in front of

decidere to decide

delizioso delicious

denaro (il) money

dente (il, i) tooth

dentista (il, i) dentist

desiderare to desire, to want, to wish

di of; than

dialetto (il, i) dialect

dicembre (il, i) December

dieta (la, le) diet; a dieta on a diet

dietro (a) behind; in back of

difficile difficult

diligente diligent

dipinto (il, i) painting

dire to say, to tell

direzione (la, le) direction

disco (il, i) record

dispiacere: mi dispiace I'm sorry

dito (il, le) finger

divano (il, i) sofa

diventare to become

diverso different; diversi (*pl*) several

divertimento (il, i) amusement; buon divertimento! enjoy yourself!

diviso divided by

dizionario (il, i) dictionary

dolce sweet; (il, i) dessert

dollaro (il, i) dollar

domanda (la, le) question

domandare to ask

domani tomorrow; a domani see you tomorrow, till tomorrow

domenica (la, le) Sunday

domestica (la, le) maid

domestico domestic

donna (la, le) woman

dopo after; afterwards

dormire to sleep

dottore (il, i) doctor

dottoressa (la, le) doctor

dove where

dozzina (la, le) dozen

durante during

E

e, ed and

eccellente excellent

ecco here is; eccoli here they are; eccolo here he/it is

edificio (l', gli) building

elefante (l', gli) elephant

elegante elegant

enorme enormous, huge

entrare to enter

eppoi also

erba (l', le) grass

esame (l', gli) exam

esattamente exactly

esempio (l', gli) example; per esempio for example

esercizio (l', gli) exercise

espressione (l', le) expression

essere to be

estate (l', le) summer
estive: le vacanze estive
summer vacation
età (l', le) age
eterno eternal, endless

F

faccia (la, le) face
facile easy
fame (la) hunger; **avere fame**
to be hungry
famiglia (la, le) family
famoso famous
fantascienza (la) science
fiction
fare to do, to make
farmacia (la, le) pharmacy
fasciatura (la, le) bandage
fattoria (la, le) farm
febbraio February
febbre (la, le) fever
felicità (la, le) happiness
festa (la, le) holiday; party
fetta (la, le) slice
figlio (il, i) son; **figli** children
film (il, i) movie
filone (il, i) loaf
fine (la, le) end
finestra (la, le) window
finire to finish
fiore (il, i) flower
foglia (la, le) leaf
foglio (il, i) sheet (of paper)
formaggio (il, i) cheese
formidabile formidable,
fantastic
forse perhaps
forte strong
fortuna (la) luck; **che
fortuna!** what luck!
fotografia (la, le) photograph
francese French; **francese (il)**
French (language)
Francia (la) France
frase (la, le) sentence
fratello (il, i) brother
freddo cold; **avere freddo** to
be cold; **fare freddo** to be
cold (weather)
fresco cool, fresh; **fare fresco**
to be cool (weather)
frutta (la, le) fruit
fruttivendolo (il, i) fruit
dealer; **negozio del fruttivendolo (il, i)** fruit store
funzionare to work, to run
(*mechanism*)

G

gallina (la, le) hen
gamba (la, le) leg
gattino (il, i) kitten
gatto (il, i) cat
gelato (il, i) ice cream
generi alimentari (i) (*pl*)
groceries
genitor (il, i) parent
gennaio January
gente (la, le) people
Germania (la) Germany
gesso (il, i) chalk
ghiaccio (il, i) ice
già already
giacca (la, le) jacket
giallo yellow
Giappone (il) Japan
giapponese Japanese;
giapponese (il) Japanese
(language)
giardino (il, i) garden
giocare to play
giornale (il, i) newspaper
giornalista (il/la, i/le) journalist
giorno (il, i) day; **buon
giorno** good morning; **tutti i
giorni** every day
giovane young
giovanotto (il, i) young man
giovedì (il, i) Thursday
giugno June
gli the
gola (la, le) throat; **avere mal
di gola** to have a sore throat
gonna (la, le) skirt
grammatica (la) grammar
grande big, large
granturco (il, i) corn
grasso fat
grazie thank you; **mille
grazie** thanks a lot
grigio grey
gruppo (il, i) group
guanto (il, i) glove
guardare to look at, to watch
guidare to drive

I

i the
il the
imparare to learn
impiegata (l', le) employee,
clerk
importante important
impossibile impossible

improvvisamente suddenly
in in; by
indossare to wear
indumenti (gli) (*pl*) clothes
infermiera (l', le) nurse
infermiere (l', gli) nurse
influenza (l') flu
informazione (l', le) information
Inghilterra (l') England
inglese English; **inglese (l')**
English (language)
innocenza (l') innocence
insalata (l', le) salad
insieme together
intelligente intelligent
interessante interesting
intorno (a) around
invito (l', gli) invitation
inverno (l', gli) winter
invitare to invite
io I
isola (l', le) island
Italia (l') Italy
italiano Italian; **italiano (l')**
Italian (language)

L

la the
labbro (il, le) lip
laboratorio (il, i) laboratory
lago (il, i) lake
lampada (la, le) lamp
latte (il) milk
latteria (la, le) dairy
lavagna (la, le) (black)board
lavorare to work
lavoro (il, i) work, job
le the
leggere to read
legume (il, i) vegetable
lei she, you (*formal singular*)
leone (il, i) lion
lettera (la, le) letter
letto (il, i) bed
lezione (la, le) class, lesson
lì there
libreria (la, le) bookstore
libro (il, i) book
limone (il, i) lemon
lingua (la, le) tongue, language
lista (la, le) list
lo the
lontano far
loro they, you (*formal plural*);
their
luglio July
lui he

lunedì (il, i) Monday
lungo long
lupo (il, i) wolf

M

ma but
macchina (la, le) car
madre (la, le) mother
maestro (il, i) teacher, master
maggio (il, i) May
maglia (la, le) sweater
magnifico magnificent, marvelous
magro thin
mai never
maiale (il, i) pig
male bad; stare male to be sick; avere mal di to have a pain/an ache in
mamma (la, le) mom
mandare to send
mangiare to eat
mano (la, le) hand
mare (il, i) sea; andare al mare to go to the seashore/beach
marito (il, i) husband
marrone brown
martedì (il, i) Tuesday
marzo March
matematica (la) mathematics
matita (la, le) pencil
mattina (la, le) morning; di mattina A.M., in the morning
meccanico (il, i) mechanic
medicina (la, le) medicine
medico (il, i) doctor
meglio better
mela (la, le) apple
melone (il, i) melon
meno less, minus
mensa (la, le) cafeteria
mentre while
mercato (il, i) market
mercoledì (il, i) Wednesday
merenda (la, le) snack
mese (il, i) month
messicano Mexican
Messico (il) Mexico
mettere to put
mezzanotte (la) midnight
mezzo half
mezzo (il, i) means; mezzo di trasporto means of transportation
mezzogiorno (il) noon
mia my

mie my
miei my
milione (il, i) million
minestra (la, le) soup
mio my
moda (la, le) fashion
moderno modern
modo (il, i) way
moglie (la, le) wife
molto very, a lot
momento (il, i) moment
mondo (il, i) world
mostro (il, i) monster
motocicletta (la, le) motorcycle
motore (il, i) engine
mucca (la, le) cow
museo (il, i) museum
musica (la, le) music

N

naso (il, i) nose
Natale (il, i) Christmas
nazionalità (la, le) nationality
necessario necessary
negozio (il, i) store
neppure not even
nero black
neve (la, le) snow
nevicare to snow
niente nothing; di niente you are welcome
no no
noi we
non not
nonna (la, le) grandmother
nonni (i) grandparents
nonno (il, i) grandfather
normale normal
nossignore no, sir
nostra our
nostre our
nostri our
nostro our
notte (la, le) night
novembre November
numero (il, i) number
nuotare to swim
nuovo new
nuvola (la, le) cloud

O

o or
oasi (l', le) oasis
occasione (l', le) occasion

occhio (l', gli) eye
oceano (l', gli) ocean
offrire to offer
oggi today
ogni each, every
olio (l', gli) oil
ombrello (l', gli) umbrella
ora now
ora (l', le) hour; che ora è?, che ore sono? What time is it?
ordinario ordinary
orecchio (l', gli) ear; mal (il) di orecchi earache
organizzazione (l', le) organization
orologio (l', gli) watch; clock
ortaggio (l', gli) vegetable
orto botanico (l', gli) botanical garden
ospedale (l', gli) hospital
ottobre October

P

padre (il, i) father
paese (il, i) village, country, nation
pagare to pay
paio (il) pair
palazzo (il, i) building
pane (il, i) bread
panna (la) (whipped) cream
panettiere (il, i) baker
panetteria (la, le) bakery
pantaloni (i) pants
papà (il, i) daddy
parco (il, i) park
parlare to speak, to talk
parola (la, le) word
parte (la, le) part
partire to leave
partita (la, le) game, match
Pasqua (la, le) Easter
passare to pass
passeggiata (la, le) walk
pasto (il, i) meal
patata (la, le) potato; le patatine fritte french fries
paura (la, le) fear; avere paura to be afraid
paziente (il, i) patient
pecora (la, le) sheep
penna (la, le) pen
pensare to think
per for, in order to; times
pera (la, le) pear
perchè why; because
perdere to loose

perfetto perfect
però but
persona (la, le) person; **persone** people
personale personal
pesce (il, i) fish; **pesce d'aprile** April Fool's Day
piacere to like
piacere (il, i) favor; **per piacere** please
piangere to cry
piano slowly, softly; **piano piano** very softly
piano (il, i) story, floor
pianta (la, le) plant
piazza (la, le) square, place
piccolo small
piede (il, i) foot; **stare in piedi** to stand up; **andare a piedi** to walk
pilota (il, i) pilot
piovere to rain
pistola (la, le) pistol
più more, plus
poliziotto (il, i) policeman
pollo (il, i) chicken
poltrona (la, le) armchair
pomeriggio (il, i) afternoon; **del pomeriggio** P.M., in the afternoon
pomodoro (il, i) tomato
pompiere (il, i) fireman; **pompieri (i)** firehouse, fire station
popolare popular
porta (la, le) door
portare to carry
Portogallo (il) Portugal
portoghese Portuguese; **portoghese (il)** Portuguese (language)
portoricano Puerto Rican
Portorico (il) Puerto Rico
possibile possible
postale: ufficio postale (l', gli) post office
postina (la, le) mail carrier
postino (il, i) mail carrier
potere to be able
povero poor
pranzare to dine
pranzo (il, i) lunch
preferire to prefer
preferito favorite
prendere to take
presente (il) present
preside (il, i) principal
presidente (il, i) president
presto early
prezzo (il, i) price

prima (at) first
primavera (la, le) spring
primo first
problema (il, i) problem
professore (il, i) professor
professoressa (la, le) professor
programma (il, i) program
prosciutto (il, i) ham
pulire to clean
pulizie: fare le pulizie to do the housework
punire to punish

Q

quaderno (il, i) notebook
quadro (il, i) picture, painting
qualcosa something
qualcuno somebody
quale which
quando when
quanto how much; **quant'è** how much is it?
quanti how many
quarto (il, i) quarter
quasi almost
quello that
questo this
qui here

R

radio (la, le) radio
raffreddore (il, i) cold
ragazza (la, le) girl
ragazzo (il, i) boy
ragione (la, le) reason; **avere ragione** to be right
rapidamente quickly, fast
rapido fast
rappresentare to represent, portray
reparto (il, i) section
ricco rich
ricevere to receive
ridere to laugh
riga (la, le) ruler
riparare to repair
rispondere to answer
risposta (la, le) answer
ristorante (il, i) restaurant
ritardo: essere in ritardo to be late
ritornare to return
roba (la, le) things
romantico romantic
rompere to break

rosa (la, le) rose
rosso red
Russia (la) Russia
russo Russian; **russo (il)** Russian (language)

S

sabato (il, i) Saturday
sala (la, le) room; **sala da pranzo** dining room
salsiccia (la, le) sausage
salotto (il, i) living room
salutare to greet
salute (la) health
sapere to know
scale (le, pl) stairs
scantinato (lo, gli) basement
scappare to escape, to run away
scarpa (la, le) shoe
scenario (lo, gli) scenery, scenario
scendere to go down, descend
sciare to ski
sciarpa (la, le) scarf
scienza (la, le) science
scimmia (la, le) monkey
scrivere to write
scuola (la, le) school
se if
secondo second; according to
sedia (la, le) chair
segretaria (la, le) secretary
segretario (il, i) secretary
seguire to follow
sempre always
sentimentale sentimental
sentire to hear, to feel
sera (la, le) evening; **di sera** P.M., in the evening
serio serious
servire to serve
sete (la) thirst; **avere sete** to be thirsty
settembre September
settimana (la, le) week
sì yes
siciliana Sicilian
sicuro sure
signora (la, le) Mrs., lady
signore (il, i) Mr., gentleman
signorina (la, le) Miss, young lady
silenzio (il, i) silence
simpatico nice
sincero sincere
sodo hard-boiled
soffrire to suffer

sole (il, i) sun; **c'è il sole** it's sunny

solito usual; **di solito** usually

solo only; alone

sonno (il, i) sleep; **avere sonno** to be sleepy

sopra above, on

sorella (la, le) sister

sorpresa (la, le) surprise

sotto below, under

Spagna (la) Spain

spagnolo Spanish; **spagnolo (lo)** Spanish (language)

specchio (lo, gli) mirror

spedire to mail

spesso often

spiaggia (la, le) beach

sporco dirty

stagione (la, le) season

stanco tired

stare to be

Stati Uniti (gli) United States

stazione (la, le) station; **stazione di servizio** service station

stesso same

stomaco (lo, gli) stomach

storia (la) history

strada (la, le) street, road

strano strange

straordinario extraordinary

studente (lo, gli) student

studentessa (la, le) student

studiarc to study

studio (lo, gli) studio

stupido silly, dumb

su above, on

sua, sue, suo, suoi his, her, its, your (*formal singular*)

subito right away

succo (il, i) juice

suono (il, i) sound

supermercato (il, i) supermarket

Svizzera (la) Switzerland

svizzero Swiss

T

tanti many

tanto much, a lot

tardi late; **a più tardi** see you later, so long

tavola (la, le) table

tavolo (il, i) table, desk

tè (il, i) tea

teatro (il, i) theater

tedesco German; **tedesco (il)** German (language)

televisione (la, le) television

tempio (il; *pl.* **i tempi)** temple

tempo (il) time, weather; **Che tempo fa?** How is the weather?; **fare bel tempo** to be nice weather; **fare cattivo tempo** to be bad weather

tenore (il, i) tenor

testa (la, le) head; **mal (il) di testa** headache

tetto (il, i) roof

tigre (la, le) tiger

titolo (il, i) title, name

topo (il, i) mouse

toro (il, i) bull

torta (la, le) cake, pie

torto (il, i) wrong; **avere torto** to be wrong

traffico (il, i) traffic

tramezzino (il, i) sandwich

treno (il, i) train

triste sad

tristezza (la) sadness

tropicale tropical

troppo too much

trovare to find

tu you

tua, tue, tuo, tuoi your

turista (il, i) tourist

tutti everybody

tutto everything, all; **tutti i giorni** every day

U

uccello (l', gli) bird

ufficiale official

ufficio (l', gli) office

ultimo last

umano human

un, una, uno a, an

università (l', le) university

uomo (l', gli uomini) man

uovo (l', le) egg

usare to use

utile useful

V

vacanza (la, le) vacation

valere to be worth

vaniglia (la) vanilla

vario various

vaso (il, i) vase

vecchio old; **(il)** old man

vedere to see

veloce fast

vendere to sell

venditore (il, i) storekeeper, salesman

venerdì (il, i) Friday

vento (il) wind; **tira vento** it's windy

veramente really

verbo (il, i) verb

verde green

verdura (la, le) vegetables

verità (la, le) truth

vero true

vestiario (il) clothes

vestito (il, i) dress; **vestito da uomo** man's suit; **vestiti (i)** (*pl*) clothes

via (la, le) street

viaggio (il, i) voyage, trip; **Buon viaggio!** Have a nice trip!

vicino (a) near, next to

vino (il, i) wine

violetta (la, le) violet

visitare to visit

vita (la, le) life

vivere to live

voglia (la, le) wish, desire; **avere voglia di** to feel like

voi you

volare to fly

volere to want

volpe (la, le) fox

volta (la, le) time

vostra, vostre, vostri, vostro your

Z

zia (la, le) aunt

zio (lo, gli) uncle

zitto quiet; **stare zitto** to be quiet

zucchero (lo, gli) sugar

Vocabolario inglese-italiano

A

a, an un, un', una, uno
able: be able potere
above sopra, su
accompany accompagnare
according to secondo
actor attore (l', gli)
actress attrice (l', le)
adore adorare
afraid: be afraid avere paura
after dopo
afternoon pomeriggio (il, i)
age età (l', le)
air aria (l', le)
airplane aereo (l', gli)
airport aeroporto (l', gli)
all tutto
almost quasi
already già
also anche, eppoi
always sempre
ambulance ambulanza (l', le)
American americano
and e, ed
animal animale (l', gli)
answer rispondere; risposta
(la, le)
apartment appartamento (l',
gli)
appetite appetito (l')
appetizer antipasto (l', gli)
apple mela (la, le)
April aprile
Arab arabo
Arabic (language) arabo (l')
arm braccio (il, le)
armchair poltrona (la, le)
around intorno (a)
arrive arrivare
as come
ask domandare
at a, ad
attentive attento
August agosto
aunt zia (la, le)
autumn autunno (l', gli)

B

baby (boy) bambino (il, i);
baby (girl) bambina (la, le)
back: in back of dietro a
bad cattivo
bag borsa (la, le)
baker panettiere (il, i)
balcony balcone (il, i)
banana banana (la, le)
bank banca (la, le)
bathing suit costume da
bagno (il, i)
bathroom bagno (il, i)
be essere, stare
beach spiaggia (la, le); **go to
the beach** andare alla
spiaggia/al mare
beautiful bello
because perchè
become diventare
bed letto (il, i)
bedroom camera da letto (la,
le)
begin cominciare
behind dietro (a)
believe credere
below sotto
belt cintura (la, le)
better meglio
bicycle bicicletta (la, le)
big grande
bird uccello (l', gli)
birthday compleanno (il, i)
black nero
blackboard lavagna (la, le)
blouse camicetta (la, le)
blue azzurro
body corpo (il, i)
book libro (il, i)
bookstore libreria (la, le)
boy ragazzo (il, i)
Brazil Brasile (il)
Brazilian brasiliano
bread pane (il, i)
break rompere
breakfast colazione (la, le)

breeze brezza (la, le)
brother fratello (il, i)
brown marrone, bruno
building edificio (l', gli),
palazzo (il, i)
bull toro (il, i)
bus autobus (l', gli)
but ma, però
butter burro (il, i)
buy comprare

C

cafeteria mensa (la, le)
cake torta (la, le)
Canadian canadese
capital capitale (la, le)
car macchina (la, le),
automobile (l', le); **by car**
in macchina
carry portare
cat gatto (il, i)
cathedral cattedrale (la, le)
celebrate celebrare
cement cemento (il, i)
center centro (il, i)
certainly certamente
chair sedia (la, le)
chalk gesso (il, i)
cheese formaggio (il, i)
chicken pollo (il, i)
children figli (i)
China Cina (la)
Chinese cinese; **Chinese
(language)** cinese (il)
chocolate cioccolato (il)
chocolate candy cioccolatino
(il, i)
Christmas Natale (il, i)
church chiesa (la, le)
city città (la, le)
class lezione (la, le)
classroom classe (la, le)
clean pulire
clock orologio (l', gli)
close chiudere

closet armadio (l', gli)
clothes abbigliamento (l'),
   vestiario (il), abiti (gli),
   vestiti (i), indumenti (gli)
cloud nuvola (la, le)
coat cappotto (il, i)
coffee caffè (il, i)
cold freddo; **be cold** avere
   freddo; **be cold** (*weather*)
   fare freddo
cold raffreddore (il, i)
color colore (il, i)
communicate comunicare
concert concerto (il, i)
content contento
cook cucinare; cuoco (il, i)
cooking cucina (la, le)
cool fresco; **be cool** (*weather*)
   fare fresco
country paese (il, i)
cow mucca (la, le)
cry piangere
Cuban cubano
cure curare
customer cliente (il, i)
cover coprire

D

daddy papà (il, i)
dairy latteria (la, le)
dance ballare; ballo (il, i)
darling caro
date data (la, le)
day giorno (il, i)
dear caro
December dicembre
decide decidere
delicious delizioso
dentist dentista (il, i)
desire desiderare
desk banco (il, i); (*teacher's
   desk*) cattedra (la, le)
dessert dolce (il, i)
dictionary dizionario (il, i)
diet dieta (la, le); **on a diet** a
   dieta
different diverso
difficult difficile
dine pranzare
dining room sala da pranzo
   (la, le)
dinner cena (la, le), pranzo (il,
   i)
dirty sporco
divided (by) diviso
do fare
doctor dottore (il, i), dottoressa (la, le), medico (il, i)

dog cane (il, i)
dollar dollaro (il, i)
domestic domestico
donkey asino (l', gli)
door porta (la, le)
dozen dozzina (la, le)
dress vestito (il, i)
drink bere
drive guidare
duck anatra (l', le)
during durante

E

each ogni
ear orecchio (l', gli)
earache mal (il) di orecchi;
   have an earache avere mal
   di orecchi
early presto
Easter Pasqua (la, le)
easy facile
eat mangiare
egg uovo (l', le)
elegant elegante
elephant elefante (l', gli)
end fine (la, le)
engine motore (il, i)
England Inghilterra (l')
English inglese; **English
   (language)** inglese (l')
enter entrare
eraser (*blackboard*) cancellino
   (il, i)
evening sera (la, le); **good
   evening** buona sera
every ogni
everybody tutti
everyday tutti i giorni
everything tutto
exam esame (l', gli)
example esempio (l', gli); **for
   example** per esempio
excellent eccellente
exercise esercizio (l', gli)
extraordinary straordinario
eye occhio (l', gli)

F

face faccia (la, le)
family famiglia (la, le)
famous famoso
far lontano
farm fattoria (la, le)
fast rapido, veloce; rapidamente
fat grasso
father padre (il, i)

favorite preferito, favorito
February febbraio
feel sentire; **feel like** avere
   voglia di
fever febbre (la, le)
find trovare
finger dito (il, le)
finish finire
first primo; **(at) first** prima
fish pesce (il, i)
flag bandiera (la, le)
flower fiore (il, i)
fly volare
flu influenza (l')
follow seguire
food cibo (il, i)
foot piede (il, i)
for per
fox volpe (la, le)
France Francia (la)
French francese; **French
   (language)** francese (il)
Friday venerdì (il, i)
friend amica (l', le), amico (l',
   gli)
from da
front: in front of davanti (a)
fruit frutta (la); **fruit store**
   negozio del fruttivendolo (il,
   i)

G

garden giardino (il, i)
gentleman signore (il, i)
German tedesco; **German
   (language)** tedesco (il)
Germany Germania (la)
girl ragazza (la, le)
give dare
glass bicchiere (il, i)
glove guanto (il, i)
go andare
good buono, bravo
good-bye arrivederci
grandfather nonno (il, i)
grandmother nonna (la, le)
grass erba (l', le)
green verde
grey grigio
groceries generi
   alimentari (i)

H

half mezzo
hair capelli (i)

ham prosciutto (il, i)
hand mano (la, le)
handbag borsa (la, le)
happy contento, allegro, felice
hat cappello (il, i)
have avere
he lui
head testa (la, le)
headache mal di testa (il, i);
 have a headache avere mal
 di testa
hear sentire
heart cuore (il, i)
help aiutare
hen gallina (la, le)
her suo, sua, suoi, sue
here qui; **here it is** eccolo
hi ciao
his suo, sua, suoi, sue
holiday festa (la, le)
homework compiti (i) (*pl*)
horse cavallo (il, i)
hospital ospedale (l', gli)
hot caldo; **be hot** avere caldo;
 be hot (*weather*) fare caldo
hotel albergo (l', gli)
hour ora (l', le)
house casa (la, le)
how come; **how are you?**
 come sta?; **how much**
 quanto; **how many** quanti
hungry: be hungry avere
 fame
husband marito (il, i)

I

I io
ice ghiaccio (il, i)
ice cream gelato (il, i)
if se
important importante
in in
intelligent intelligente
interesting interessante
invite invitare
island isola (l', le)
Italian italiano; **Italian**
 (language) italiano (l')
Italy Italia (l')
its suo, sua, suoi, sue

J

jacket giacca (la, le)
January gennaio
Japan Giappone (il)
Japanese giapponese; **Japa-**

nese (language)
 giapponese (il)
job lavoro (il, i)
journalist giornalista (il/la,
 i/le)
juice succo (il, i)
July luglio
June giugno

K

kitchen cucina (la, le)
kitten gattino (il, i)
know sapere

L

lady signora (la, le)
lake lago (il, i)
lamp lampada (la, le)
language lingua (la, le)
large grande
last ultimo
late: be late essere in ritardo
laugh ridere
lawyer avvocato (l', gli),
 avvocatessa (l', le)
leaf foglia (la, le)
learn imparare
leave partire
leg gamba (la, le)
lemon limone (il, i)
less meno
lesson lezione (la, le)
letter lettera (la, le)
library biblioteca (la, le)
life vita (la, le)
like (*verb*) piacere; come
lion leone (il, i)
lip labbro (il, le)
listen ascoltare
little piccolo
live vivere, abitare
living room salotto (il, i)
loaf filone (il, i)
long lungo
look at guardare
loose perdere
lot: a lot molto
love amare; amore (l', gli)
luck fortuna (la, le)
lunch pranzo (il, i)

M

maid domestica (la, le)
mail carrier postina (la, le),
 postino (il, i)

make fare
man uomo (l', gli uomini)
many tanti
March marzo
market mercato (il, i)
May maggio
meal pasto (il, i)
means of transportation
 mezzo di trasporto (il, i)
meat carne (la, le)
mechanic meccanico (il, i)
Mexican messicano
Mexico Messico (il)
midnight mezzanotte (la)
milk latte (il)
minus meno
mirror specchio (lo, gli)
miss signorina (la, le)
mister signore (il, i)
mom mamma (la, le)
Monday lunedì (il, i)
money denaro (il)
monkey scimmia (la, le)
monster mostro (il, i)
month mese (il, i)
more più
morning mattina (la, le);
 good morning buon giorno
mother madre (la, le)
motorcycle motocicletta (la,
 le)
mouse topo (il, i)
mouth bocca (la, le)
movie film (il, i); **movies**
 cinema (il)
Mrs. signora
much tanto, molto; **too much**
 troppo
music musica (la, le)
my mio, mia, miei, mie

N

name nome (il, i); **what is**
 your name? come ti
 chiami? **my name is** mi
 chiamo
nationality nazionalità (la, le)
near vicino (a), accanto (a)
necessary necessario
neck collo (il, i)
need avere bisogno di
never mai
new nuovo
newspaper giornale (il, i)
next to vicino a, accanto a
nice bello, simpatico
night notte (la, le)
no no

noon mezzogiorno (il)
nose naso (il, i)
not non
notebook quaderno (il, i)
nothing niente
November novembre
now ora, adesso, allora
number numero (il, i)
nurse infermiera (l', le),
   infermiere (l', gli)

O

ocean oceano (l', gli)
October ottobre
of di; **of course** certamente
offer offrire
office ufficio (l', gli)
often spesso
old vecchio; **how old are
   you?** quanti anni hai?
on sopra, su
onion cipolla (la, le)
only solo
open aprire; **open** aperto
or o
orange arancia (l', le);
   arancione
order: in order to per
other altro
our nostro, nostra, nostri,
   nostre
overcoat cappotto (il, i)

P

pants pantaloni (i)
paper carta (la, le)
parent genitore (il, i)
park parco (il, i)
part parte (la, le)
party festa (la, le)
pass passare
pay pagare
pear pera (la, le)
pen penna (la, le)
pencil matita (la, le)
people gente (la, le)
perfect perfetto
perhaps forse
person persona (la, le)
pharmacy farmacia (la, le)
photograph fotografia (la, le)
pig maiale (il, i)
plant pianta (la, le)
play giocare
please per piacere
plus più

police officer poliziotto (il, i),
   agente di polizia (l', gli)
poor povero
popular popolare
Portugal Portogallo (il)
Portuguese portoghese;
   Portuguese (language)
   portoghese (il)
potato patata (la, le)
prefer preferire
preserve conservare
president presidente (il, i)
pretty bello
price prezzo (il, i)
professor professore (il, i),
   professoressa (la, le)
Puerto Rican portoricano
Puerto Rico Portorico (il)
punish punire
puppy cagnolino (il, i)
put mettere

Q

question domanda (la, le)
quiet: be quiet stare zitto
quickly rapidamente

R

rabbit coniglio (il, i)
radio radio (la, le)
rain piovere
read leggere
receive ricevere
record disco (il, i)
red rosso
restaurant ristorante (il, i)
return ritornare
rich ricco
right: be right avere ragione
road strada (la, le)
roof tetto (il, i)
room camera (la, le), stanza
   (la, le)
romantic romantico
rose rosa (la, le)
ruler riga (la, le)
run correre; (*mechanism*)
   funzionare
Russian russo; **Russian
   (language)** russo (il)

S

sad triste
salad insalata (l', le)

same stesso
sandwich tramezzino (il, i)
Saturday sabato (il, i)
say dire
scarf sciarpa (la, le)
school scuola (la, le)
sea mare (il, i)
season stagione (la, le)
second secondo
secretary segretaria (la, le),
   segretario (il, i)
see vedere
sell vendere
send mandare
September settembre
serve servire
several diversi
sheep pecora (la, le)
sheet (*paper*) foglio (il, i)
shirt camicia (la, le)
shoe scarpa (la, le)
short corto
sick: be sick stare male
sincere sincero
sing cantare
sister sorella (la, le)
ski sciare
skirt gonna (la, le)
sky cielo (il, i)
sleep dormire
sleepy: be sleepy avere sonno
small piccolo
snow nevicare; neve (la, le)
so così; **so so** così così
soccer calcio (il)
sock calzino (il, i)
sofa divano (il, i)
somebody qualcuno
something qualcosa
soon subito; presto
sound suono (il, i)
soup minestra (la, le)
Spain Spagna (la)
Spanish spagnolo; **Spanish
   (language)** spagnolo (lo)
speak parlare
spring primavera (la, le)
start cominciare
station stazione (la, le)
stocking calza (la, le)
stomach stomaco (lo, gli)
store negozio (il, i); bottega
   (la, le)
story piano (il, i)
street strada (la, le), via (la,
   le)
strong forte
student alunna (l', le), alunno
   (l', gli), studente (lo, gli),
   studentessa (la, le)

studio studio (lo, gli)
study studiare
suddenly improvvisamente
suffer soffrire
sugar zucchero (lo, gli)
suit vestito da uomo (il, i);
    completo (il, i)
summer estate (l', le)
sun sole (il, i)
Sunday domenica (la, le)
supermarket supermercato
    (il, i)
supper cena (la, le)
sure sicuro
surprise sorpresa (la, le);
    surprise party festa a
    sorpresa (la, le)
sweater maglia (la, le)
sweet dolce (il, i)
swim nuotare
Swiss svizzero
Switzerland Svizzera (la)

T

table tavola (la, le), tavolo (il,
    i)
take prendere
talk parlare
tea tè (il, i)
teacher professore (il, i),
    professoressa (la, le)
television televisione (la, le)
tell dire
tenor tenore (il, i)
thank you grazie; thanks a
    lot mille grazie
that quello; che
the il, lo, la, l', i, gli, le
theater teatro (il, i)
their loro
there lì
they loro
thin magro
thing cosa (la, le)
think pensare, credere
thirsty: be thirsty avere sete
this questo
throat gola (la, le); have a
    sore throat avere mal di
    gola
through attraverso
Thursday giovedì (il, i)
tie cravatta (la, le)
tiger tigre (la, le)

time tempo (il); what time is
    it? che ora è?, che ore sono?
times per
tired stanco
today oggi
tomato pomodoro (il, i)
tomorrow domani, till tomor-
    row a domani
tongue lingua (la, le)
too anche
tooth dente (il, i)
traffic traffico (il, i)
train treno (il, i)
tree albero (l', gli)
trip viaggio (il, i); have a nice
    trip! buon viaggio!
true vero
truth verità (la, le)
Tuesday martedì (il, i)

U

ugly brutto
umbrella ombrello (l', gli)
uncle zio (lo, gli)
under sotto
understand capire,
    comprendere
United States Stati Uniti (gli)
university università (l', le)
use usare
useful utile
usually di solito

V

vacation vacanza (la, le)
vase vaso (il, i)
vegetable legume (il, i),
    ortaggio (l', gli), verdura (la,
    le)
verb verbo (il, i)
very molto
vinegar aceto (l')
violet violetta (la, le)
visit visitare

W

walk camminare, andare a
    piedi; passeggiata (la, le)
wait aspettare
waiter cameriere (il, i)

waitress cameriera (la, le)
want volere, desiderare
warm caldo; be warm avere
    caldo; be warm (weather)
    fare caldo
watch guardare; orologio (l',
    gli)
water acqua (l', le)
we noi
wear indossare
weather tempo (il); how's the
    weather? com'è il tempo?;
    be nice weather fare bel
    tempo; be bad weather fare
    cattivo tempo
Wednesday mercoledì (il, i)
week settimana (la, le)
welcome: you're welcome di
    niente
well bene; be well stare bene
what che, che cosa
when quando
where dove
which quale
while mentre
white bianco
who chi, che
why perchè
wife moglie (la, le)
window finestra (la, le)
wine vino (il, i)
winter inverno (l', gli)
wish desiderare
with con
wolf lupo (il, i)
woman donna (la, le)
word parola (la, le)
work lavorare, funzionare
    (mechanism); lavoro (il, i)
world mondo (il, i)
write scrivere
wrong: be wrong avere torto

Y

year anno (l', gli); be_years
    old avere_anni
yellow giallo
yes sì
you tu, lei, voi, loro
young giovane
your tuo, tua, tuoi, tue;
    vostro, vostra, vostri,
    vostre; suo, sua, suoi, sue;
    loro

Grammatical Index

392

subject
  nouns 49
  pronouns 46–47, 49–50; omission 50, 59, 72, 110

the, expressed in Italian 8, 21
time expressions 204, 205, 208, 210, 214, 217, 258–259
trades 123
tu, compared with **lei** 47

un, un', una, uno 37–38, 59

verbs
  andare 291–292, 297, 313; expressions with 293
  -are verbs 44–49, 59, 67–68, 141
  avere 190, 258; expressions with 197, 258

dire 353, 366
-ere verbs 89–90, 111, 137, 141
essere 128, 151, 172, 197; compared with **stare** 149, 151
fare 335, 366; with math expressions 81; with weather expressions 337–338, 366
-ire verbs 136–137, 141, 172; **isco** verbs 139, 172
piacere 247–249, 251, 260, 278
stare 148–151, 173; compared with **essere** 149, 151; expressions with 150, 173
volere 303–304, 313
voi, compared with **loro** 47
volere 303–304, 313

weather expressions 334, 366

you, expressed in Italian 47

Topical Index